Unleash your creativity with *Canva*

FONT Samples

Patricia Hualpa

Dedicated to all those who doubt their creativity.
Remember that we are divine sparks of creation, and creativity
is an innate power that resides within us all.
I wish you find the courage to let go of self-criticism and dare
to unleash your own creativity.

Acknowledgments

I wish to express my deepest and most sincere gratitude to the people and influences that made the creation of this book possible:

Irina Grosu: My advisor, critic, and admirer; you are the driving force that propelled me to undertake this project. You are the engine, the reason, and the inspiration behind all my creations.

My beloved ones: To Valerio Hualpa, Iulian Grosu, Jenny Hualpa, María Hualpa, Pilar Hualpa, and Yeny Hualpa. Thank you for your unwavering love and trust in all my projects. My world wouldn't be the same without you.

The founders of Canva: Especially Melanie Perkins, whose vision of simplifying graphic design has revolutionized the industry. Thank you for making design accessible to all.

Zelma Wong and Luisa Salcedo: I am grateful to these distinguished doctors for continually providing me with their encouragement and trust.

Finally, my gratitude to every person who finds value and utility in this manual. My greatest wish is that these pages inspire you and assist you in your design creation. Thank you for being part of this experience.

vi

Table of Contents

Foreword   ix

Calligraphic Fonts   1

Decorative Fonts   23

Elegant Fonts   53

Retro Fonts   77

Serif Fonts   97

Sans Serif Fonts   121

Teacher Fonts   139

Pairing Fonts   151

Web Fonts Sources   159

About the Author   171

Foreword

Hello, I'm Patricia Hualpa, and I consider myself a true Canvalover! In my experience as a mother, writer, and designer, I have discovered in Canva an incredibly powerful tool to bring my ideas to life and convey thoughts and emotions in an impactful way.

Typography plays an essential role in visual communication. It's like the tone of voice in a conversation: fonts can be friendly, serious, fun, or elegant, and they convey a message even before anyone reads a single word. In a good book, the font and presentation are as important as the narrative itself. In Canva, fonts take center stage in your designs. They can add personality to your work, make your message stand out, and ultimately connect more deeply with your audience.

This guide aims to help you easily visualize, identify, and select **the fonts that Canva offers for free.** You will learn to recognize them by name and style, making the font selection process for your designs much simpler.

Get ready to explore the world of fonts in Canva, where creativity knows no bounds, and your designs can tell unforgettable stories.

X

These are fonts that mimic handwritten writing, with letters that interconnect. Calligraphic fonts offer a wide variety of styles, ranging from elegance to playfulness, even including more informal options, as if you had hand-drawn them on paper. These fonts are perfect for a wide range of designs, including **wedding invitations, greeting cards, stationery projects, and custom logos.**

Here, I'll show you the most used free calligraphic fonts in Canva.

Angella White

I am a creative person full of innovative ideas.
0123456789
ABCDEFGHIJKLM
NOPQRSTUVWXYZ
a b c d e f g h i j k l m n o p q r s t u v w x y z

Alex Brush

I am a creative person full of innovative ideas.
0123456789
ABCDEFGHIJKLM
NOPQRSTUVWXYZ
a b c d e f g h i j k l m n o p q r s t u v w x y z

Amsterdam Four

I am a creative person full of innovative ideas.
0123456789
ABCDEFGHIJKLM
NOPQRSTUVWXYZ
a b c d e f g h i j k l m n o p q r s t u v w x y z

Amsterdam One

I am a creative person full of innovative ideas.
0123456789
ABCDEFGHIJKLM
NOPQRSTUVWXYZ
abcdefghijklmnopqrstuvwxyz

Amsterdam Three

I am a creative person full of innovative ideas.
0123456789
ABCDEFGHIJKLM
NOPQRSTUVWXYZ
abcdefghijklmnopqrstuvwxyz

Amsterdam Two

I am a creative person full of innovative ideas.
0123456789
ABCDEFGHIJKLM
NOPQRSTUVWXYZ
abcdefghijklmnopqrstuvwxyz

Anastasia Script

I am a creative person full of innovative ideas.
0 1 2 3 4 5 6 7 8 9
A B C D E F G H I J K L M
N O P Q R S T U V W X Y Z
a b c d e f g h i j k l m n o p q r s t u v w x y z

Apricots

I am a creative person full of innovative ideas.
0 1 2 3 4 5 6 7 8 9
A B C D E F G H I J K L M
N O P Q R S T U V W X Y Z
a b c d e f g h i j k l m n o p q r s t u v w x y z

Better Saturday

I am a creative person full of innovative ideas.
0 1 2 3 4 5 6 7 8 9
A B C D E F G H I J K L M
N O P Q R S T U V W X Y Z
a b c d e f g h i j k l m n o p q r s t u v w x y z

Bright Sunshine

I am a creative person full of innovative ideas.
0 1 2 3 4 5 6 7 8 9
A B C D E F G H I J K L M
N O P Q R S T U V W X Y Z
a b c d e f g h i j k l m n o p q r s t u v w x y z

Brilliant Signature 3

I am a creative person full of innovative ideas.
0 1 2 3 4 5 6 7 8 9
A B C D E F G H I J K L M
N O P Q R S T U V W X Y Z
a b c d e f g h i j k l m n o p q r s t u v w x y z

Brittany

I am a creative person full of innovative ideas.
0 1 2 3 4 5 6 7 8 9
A B C D E F G H I J K L M
N O P Q R S T U V W X Y Z
a b c d e f g h i j k l m n o p q r s t u v w x y z

Callem

I am a creative person full of innovative ideas.
0123456789
A B C D E F G H I J K L M
N O P Q R S T U V W X Y Z
a b c d e f g h i j k l m n o p q r s t u v w x y z

Charmonman

I am a creative person full of innovative ideas.
0 1 2 3 4 5 6 7 8 9
A B C D E F G H 9 J K L M
N O P Q R S T U V W X Y Z
a b c d e f g h i j k l m n o p q r s t u v w x y z

Chewy

I am a creative person full of innovative ideas.
0 1 2 3 4 5 6 7 8 9
A B C D E F G H I J K L M
N O P Q R S T U V W X Y Z
a b c d e f g h i j k l m n o p q r s t u v w x y z

Clicker Script

I am a creative person full of innovative ideas.
0 1 2 3 4 5 6 7 8 9
A B C D E F G H I J K L M
N O P Q R S T U V W X Y Z
a b c d e f g h i j k l m n o p q r s t u v w x y z

Dancing Script

I am a creative person full of innovative ideas.
0 1 2 3 4 5 6 7 8 9
A B C D E F G H I J K L M
N O P Q R S T U V W X Y Z
a b c d e f g h i j k l m n o p q r s t u v w x y z

Daydream

I am a creative person full of innovative ideas.
0 1 2 3 4 5 6 7 8 9
A B C D E F G H I J K L M
N O P Q R S T U V W X Y Z
a b c d e f g h i j k l m n o p q r s t u v w x y z

Euphoria Script

I am a creative person full of innovative ideas.
0 1 2 3 4 5 6 7 8 9
A B C D E F G H I J K L M
N O P Q R S T U V W X Y Z
a b c d e f g h i j k l m n o p q r s t u v w x y z

Gistesy

I am a creative person full of innovative ideas.
0 1 2 3 4 5 6 7 8 9
A B C D E F G H I J K L M
N O P Q R S T U V W X Y Z
a b c d e f g h i j k l m n o p q r s t u v w x y z

Give Your Glory

I am a creative person full of innovative ideas.
0 1 2 3 4 5 6 7 8 9
A B C D E F G H I J K L M
N O P Q R S T U V W X Y Z
a b c d e f g h i j k l m n o p q r s t u v w x y z

Gladiola

I am a creative person full of innovative ideas.
0123456789
ABCDEFGHIJKLM
NOPQRSTUVWXYZ
abcdefghijklmnopqrstuvwxyz

Gloria Hallelujah

I am a creative person full of innovative ideas.
0123456789
ABCDEFGHIJKLM
NOPQRSTUVWXYZ
abcdefghijklmnopqrstuvwxyz

Great Vibes

I am a creative person full of innovative ideas.
0123456789
ABCDEFGHIJKLM
NOPQRSTUVWXYZ
abcdefghijklmnopqrstuvwxyz

Halimum

I am a creative person full of innovative ideas.
0123456789
ABCDEFGHIJKLM
NOPQRSTUVWXYZ
abcdefghijklmnopqrstuvwxyz

Hibernate

I am a creative person full of innovative ideas.
0123456789
ABCDEFGHIJKLM
NOPQRSTUVWXYZ
abcdefghijklmnopqrstuvwxyz

Holiday

I am a creative person full of innovative ideas.
0123456789
ABCDEFGHIJKLM
NOPQRSTUVWXYZ
abcdefghijklmnopqrstuvwxyz

Homemade Apple

I am a creative person full of innovative ideas.
0 1 2 3 4 5 6 7 8 9
A B C D E F G H I J K L M
N O P Q R S T U V W X Y Z

a b c d e f g h i j k l m n o p q r s t u v w x y z

Karumbi

I am a creative person full of innovative ideas.

0 1 2 3 4 5 6 7 8 9

A B C D E F G H I J K L M
N O P Q R S T U V W X Y Z

a b c d e f g h i j k l m n o p q r s t u v w x y z

Lemon Tuesday

I am a creative person full of innovative ideas.
0 1 2 3 4 5 6 7 8 9
A B C D E F G H I J K L M
N O P Q R S T U V W X Y Z
a b c d e f g h i j k l m n o p q r s t u v w x y z

Liana

I am a creative person full of innovative ideas.
0123456789
ABCDEFGHIJKLM
NOPQRSTUVWXYZ
abcdefghijklmnopqrstuvwxyz

Lifelogo

I am a creative person full of innovative ideas.
0123456789
ABCDEFGHIJKLM
NOPQRSTUVWXYZ
abcdefghijklmnopqrstuvwxyz

LJ Studios MB

I am a creative person full of innovative ideas.
0123456789
ABCDEFGHIJKLM
NOPQRSTUVWXYZ
abcdefghijklmnopqrstuvwxyz

Malibu

I am a creative person full of innovative ideas.
0123456789
A B C D E F G H I J K L M
N O P Q R S T U V W X Y Z
a b c d e f g h i j k l m n o p q r s t u v w x y z

Marline

I am a creative person full of innovative ideas.
0123456789
A B C D E F G H I
J K L M N O P Q R S T
U V W X Y Z
a b c d e f g h i j k l m n o p q r s t u v w x y z

Mistrully

I am a creative person full of innovative ideas.
0123456789
A B C D E F G H I J K L M
N O P Q R S T U V W X Y Z
a b c d e f g h i j k l m n o p q r s t u v w x y z

Moontime

I am a creative person full of innovative ideas.

0 1 2 3 4 5 6 7 8 9

A B C D E F G H I J K L M
N O P Q R S T U V W X Y Z
a b c d e f g h i j k l m n o p q r s t u v w x y z

Nefelibata Script

I am a creative person full of innovative ideas.

0 1 2 3 4 5 6 7 8 9

A B C D E F G H I J K L M
N O P Q R S T U V W X Y Z
a b c d e f g h i j k l m n o p q r s t u v w x y z

Over The Rainbow

I am a creative person full of innovative ideas.

0 1 2 3 4 5 6 7 8 9

A B C D E F G H I J K L M
N O P Q R S T U V W X Y Z
a b c d e f g h i j k l m n o p q r s t u v w x y z

Parisienne

I am a creative person full of innovative ideas.
0 1 2 3 4 5 6 7 8 9
A B C D E F G H I J K L M
N O P Q R S T U V W X Y Z
a b c d e f g h i j k l m n o p q r s t u v w x y z

Petit Formal

I am a creative person full of innovative ideas.
0 1 2 3 4 5 6 7 8 9
A B C D E F G H I J K L M
N O P Q R S T U V W X Y Z
a b c d e f g h i j k l m n o p q r s t u v w x y z

Playlist Script

I am a creati e person full of inno ati e ideas.
0 1 2 3 4 5 6 7 8 9
A B C D E F G H I J K L M
N O P Q R S T U V W X Y Z
a b c d e f g h i j k l m n o p q r s t u w x y z

Pony Club

I am a creative person full of innovative ideas.
0123456789
ABCDEFGHIJKLM
NOPQRSTUVWXYZ
abcdefghijklmnopqrstuvwxyz

Russkopis

I am a creative person full of innovative ideas.
0123456789
ABCDEFGHIJKLM
NOPQRSTUVWXYZ
abcdefghijklmnopqrstuvwxyz

Sacramento

I am a creative person full of innovative ideas.
0123456789
ABCDEFGHIJKLM
NOPQRSTUVWXYZ
abcdefghijklmnopqrstuvwxyz

Shadow Script

I am a creative person full of innovative ideas.
0 1 2 3 4 5 6 7 8 9
A B C D E F G H I J K L M
N O P Q R S T U V W X Y Z
a b c d e f g h i j k l m n o p q r s t u v w x y z

Stars & Love

I am a creative person full of innovative ideas.
0 1 2 3 4 5 6 7 8 9
A B C D E F G H I J K L M
N O P Q R S T U V W X Y Z
a b c d e f g h i j k l m n o p q r s t u v w x y z

Tangerine

I am a creative person full of innovative ideas.
0 1 2 3 4 5 6 7 8 9
A B C D E F G H I J K L M
N O P Q R S T U V W X Y Z
a b c d e f g h i j k l m n o p q r s t u v w x y z

The Youngest Script

I am a creative person full of innovative ideas.
0 1 2 3 4 5 6 7 8 9
A B C D E F G H I J K L M
N O P Q R S T U V W X Y Z
a b c d e f g h i j k l m n o p q r s t u v w x y z

Themysion

I am a creative person full of innovative ideas.
0 1 2 3 4 5 6 7 8 9
A B C D E F G H I J K L M
N O P Q R S T U V W X Y Z
a b c d e f g h i j k l m n o p q r s t u v w x y z

TT Blackwards Script

I am a creative person full of innovative ideas.
0 1 2 3 4 5 6 7 8 9
A B C D E F G H I J K L M
N O P Q R S T U V W X Y Z
a b c d e f g h i j k l m n o p q r s t u v w x y z

TT Lovelies Script

I am a creative person full of innovative ideas.

0 1 2 3 4 5 6 7 8 9

A B C D E F G H I J K L M
N O P Q R S T U V W X Y Z
a b c d e f g h i j k l m n o p q r s t u v w x y z

Twister

I am a creative person full of innovative ideas.

0 1 2 3 4 5 6 7 8 9

A B C D E F G H I J K L M
N O P Q R S T U V W X Y Z
a b c d e f g h i j k l m n o p q r s t u v w x y z

Un Jour Merveilleux

I am a creative person full of innovative ideas.

0 1 2 3 4 5 6 7 8 9

A B C D E F G H I J K L M
N O P Q R S T U V W X Y Z
a b c d e f g h i j k l m n o p q r s t u v w x y z

Veles

I am a creative person full of innovative ideas.

0 1 2 3 4 5 6 7 8 9

A B C D E F G H I J K L M
N O P Q R S T U V W X Y Z
a b c d e f g h i j k l m n o p q r s t u v w x y z

Veryberry

I am a creative person full of innovative ideas.

0 1 2 3 4 5 6 7 8 9

A B C D E F G H I J K L M
N O P Q R S T U V W X Y Z
a b c d e f g h i j k l m n o p q r s t u v w x y z

Virtual

I am a creative person full of innovative ideas.

0 1 2 3 4 5 6 7 8 9

A B C D E F G H I J K L M
N O P Q R S T U V W X Y Z
a b c d e f g h i j k l m n o p q r s t u v w x y z

White Star

I am a creative person full of innovative ideas.
0123456789
ABCDEFGHIJKLM
NOPQRSTUVWXYZ
abcdefghijklmnopqrstuvwxyz

Yellowtail

I am a creative person full of innovative ideas.
0123456789
ABCDEFGHIJKLM
NOPQRSTUVWXYZ
abcdefghijklmnopqrstuvwxyz

Yummy

I am a creative person full of innovative ideas.
0123456789
ABCDEFGHIJKLM
NOPQRSTUVWXYZ
abcdefghijklmnopqrstuvwxyz

Misa Virtual
En memoria de nuestra Amada Madre
Nancy

Reprogramación para la
Abundancia
01.06.2022
Me siento rica y merecedora de la abundancia que hay en el universo.
Honro el dinero y el me honra a mi.
www.lamarujadigital.com

FELIZ
Cumpleaños
Jenny

Afirmación del día
Yo soy
Merecedora
- Louise Hay
Patricia Hualpa

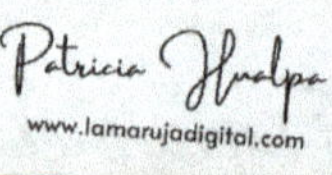
"Oramos para conectar con nuestro Creador, con nuestra parte espiritual y enfocarnos en las cosas nuevas que trae el día."
Patricia Hualpa
www.lamarujadigital.com

Decorative Fonts

These types of fonts are full of details and ornaments, making them stand out and capture attention. They are more artistic than practical, and their main purpose is to add a special, high-impact, and unique touch to a design.

They are ideal when we want to create something eye-catching, such as **invitations for special events**, **logos**, or design projects that require a creative and distinctive touch, like **product packaging**, for example.

Ahsing

Creativity is an integral part of who I am.
0 1 2 3 4 5 6 7 8 9
A B C D E F G H I J K L M
N O P Q R S T U V W X Y Z
a b c d e f g h i j k l m n o p q r s t u v w x y z

Anaktoria

Creativity is an integral part of who I am.
0 1 2 3 4 5 6 7 8 9
A B C D E F G H I J K L M
N O P Q R S T U V W X Y Z
a b c d e f g h i j k l m n o p q r s t u v w x y z

Angelina

Creativity is an integral part of who I am.
0 1 2 3 4 5 6 7 8 9
A B C D E F G H I J K L M
N O P Q R S T U V W X Y Z
a b c d e f g h i j k l m n o p q r s t u v w x y z

Arturo

Creativity is an integral part of who I am.
0 1 2 3 4 5 6 7 8 9
A B C D E F G H I J K L M
N O P Q R S T U V W X Y Z
abcdefghijklmnopqrstuvwxyz

Barbra

Creativity is an integral part of who I am.
0 1 2 3 4 5 6 7 8 9
A B C D E F G H I J K L M
N O P Q R S T U V W X Y Z
abcdefghijklmnopqrstuvwxyz

Barriecito

Creativity is an integral part of who I am.
0 1 2 3 4 5 6 7 8 9
A B C D E F G H I J K L M
N O P Q R S T U V W X Y Z
abcdefghijklmnopqrstuvwxyz

Bebas Neue Cyrillic

CREATIVITY IS AN INTEGRAL PART OF WHO I AM.
0 1 2 3 4 5 6 7 8 9
A B C D E F G H I J K L M
N O P Q R S T U V W X Y Z

* It doesn't have lowercase typography.

Black and White Picture

Creativity is an integral part of who I am.
0 1 2 3 4 5 6 7 8 9
A B C D E F G H I J K L M
N O P Q R S T U V W X Y Z
a b c d e f g h i j k l m n o p q r s t u v w x y z

Blanka

CREATIVITY IS AN INTEGRAL PART OF WHO I AM.
0 1 2 3 4 5 6 7 8 9
A B C D E F G H I J K L M
N O P Q R S T U V W X Y Z

* It doesn't have lowercase typography.

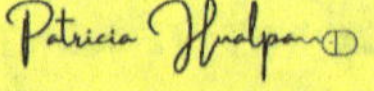

Belleza

Creativity is an integral part of who I am.
0 1 2 3 4 5 6 7 8 9
A B C D E F G H I J K L M
N O P Q R S T U V W X Y Z
a b c d e f g h i j k l m n o p q r s t u v w x y z

Bernier

CREATIVITY IS AN INTEGRAL PART OF WHO I AM.
0 1 2 3 4 5 6 7 8 9
A B C D E F G H I J K L M
N O P Q R S T U V W X Y Z

* It doesn't have lowercase typography.

Bicubik

CREATIVITY IS AN INTEGRAL PART OF WHO I AM.
0 1 2 3 4 5 6 7 8 9
A B C D E F G H I J K L M
N O P Q R S T U V W X Y Z
A B C D E F G H I J K L M N O P Q R S T U V W X Y Z

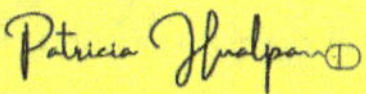

Boston Angel

Creativity is an integral part of who I am.
0123456789
A B C D E F G H I J K L M
N O P Q R S T U V W X Y Z
a b c d e f g h i j k l m n o p q r s t u v w x y z

Bobby Jones

CREATIVITY IS AN INTEGRAL PART OF WHO I AM.
0 1 2 3 4 5 6 7 8 9
A B C D E F G H I J K L M
N O P Q R S T U V W X Y Z

* It doesn't have lowercase typography.

Brown Sugar

CREATIVITY IS AN INTEGRAL PART OF WHO I AM.
0 1 2 3 4 5 6 7 8 9
A B C D E F G H I J K L M
N O P Q R S T U V W X Y Z

* It doesn't have lowercase typography.

Brusher

Creativity is an integral part of who I am.
0123456789
ABCDEFGHIJKLM
NOPQRSTUVWXYZ
abcdefghijklmnopqrstuvwxyz

Cagliostro

Creativity is an integral part of who I am.
0123456789
ABCDEFGHIJKLM
NOPQRSTUVWXYZ
abcdefghijklmnopqrstuvwxyz

Cantora One

Creativity is an integral part of who I am.
0123456789
ABCDEFGHIJKLM
NOPQRSTUVWXYZ
abcdefghijklmnopqrstuvwxyz

DECORATIVE FONTS

Capsuula

Creativity is an integral part of who I am.
0 1 2 3 4 5 6 7 8 9
A B C D E F G H I J K L M
N O P Q R S T U V W X Y Z
a b c d e f g h i j k l m n o p q r s t u v w x y z

Chouko TH

Creativity is an integral part of who I am.
0 1 2 3 4 5 6 7 8 9
A B C D E F G H I J K L M
N O P Q R S T U V W X Y Z
a b c d e f g h i j k l m n o p q r s t u v w x y z

Cinzel Decorative

CREATIVITY IS AN INTEGRAL PART OF WHO I AM.
0 1 2 3 4 5 6 7 8 9
A B C D E F G H I J K L M
N O P Q R S T U V W X Y Z

* It doesn't have lowercase typography.

Patricia Hualpa

DECORATIVE FONTS

Distillery Display

CREATIVITY IS AN INTEGRAL PART OF WHO I AM.
0123456789
A B C D E F G H I J K L M
N O P Q R S T U V W X Y Z

* It doesn't have lowercase typography.

Dita Sweet

Creativity is an integral part of who I am.
0123456789
A B C D E F G H I J K L M
N O P Q R S T U V W X Y Z
a b c d e f g h i j k l m n o p q r s t u v w x y z

Dream Avenue

Creativity is an integral part of who I am.
0123456789
A B C D E F G H I J K L M
N O P Q R S T U V W X Y Z
a b c d e f g h i j k l m n o p q r s t u v w x y z

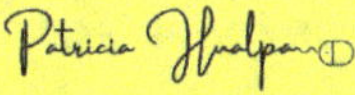

Drunken Hour

CREATIVITY IS AN INTEGRAL PART OF WHO I AM.
0 1 2 3 4 5 6 7 8 9
a B C D e F G H i J K L M
N O P Q R S T u V W X Y Z
a b c d E F G h i J K L M N o p q R S T u V W X Y Z

EFCO Brookshire

CREATIVITY IS AN INTEGRAL PART OF WHO I AM.
0 1 2 3 4 5 6 7 8 9
A B C D E F G H I I K L M
N O P Q R S T U V W X Y Z
A B C D E F G H I J K L M N O P Q R S T U V W X Y Z

Free Feel Playful

CREATIVITY IS AN INTEGRAL PART OF WHO I AM.
0 1 2 3 4 5 6 7 8 9
A B C D E F G H I J K L M
N O P Q R S T U V W X Y Z
* It doesn't have lowercase typography.

Gagalin

CREATIVITY IS AN INTEGRAL PART OF WHO I AM.
0 1 2 3 4 5 6 7 8 9
A B C D E F G H I J K L M
N O P Q R S T U V W X Y Z

* It doesn't have lowercase typography.

Galada

Creativity is an integral part of who I am.
0 1 2 3 4 5 6 7 8 9
A B C D E F G H I J K L M
N O P Q R S T U V W X Y Z
a b c d e f g h i j k l m n o p q r s t u v w x y z

GFS Artemisia

Creativity is an integral part of who I am.
0 1 2 3 4 5 6 7 8 9
A B C D E F G H I J K L M
N O P Q R S T U V W X Y Z
a b c d e f g h i j k l m n o p q r s t u v w x y z

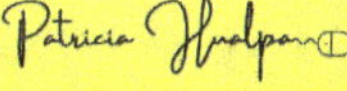

Giaza

Creativity is an integral part of who I am.
0 1 2 3 4 5 6 7 8 9
A B C D E F G H I J K L M
N O P Q R S T U V W X Y Z
a b c d e f g h i j k l m n o p q r s t u v w x y z

Girassol

CREATIVITY IS AN INTEGRAL PART OF WHO I AM.
0 1 2 3 4 5 6 7 8 9
A B C D E F G H I J K L M
N O P Q R S T U V W X Y Z
A B C D E F G H I J K L M N O P Q R S T U V W X Y Z

Gochi Hand

Creativity is an integral part of who I am.
0 1 2 3 4 5 6 7 8 9
A B C D E F G H I J K L M
N O P Q R S T U V W X Y Z
a b c d e f g h i j k l m n o p q r s t u v w x y z

Handy Casual

Creativity is an integral part of who I am.
0123456789
ABCDEFGHIJKLM
NOPQRSTUVWXYZ
abcdefghijklmnopqrstuvwxyz

Higuen Elegant

Creativity is an integral part of who I am.
0123456789
ABCDEFGHIJKLM
NOPQRSTUVWXYZ
abcdefghijklmnopqrstuvwxyz

Inlander Texture

CREATIVITY IS AN INTEGRAL PART OF WHO I AM.
0123456789
ABCDEFGHIJKLM
NOPQRSTUVWXYZ
ABCDEFGHIJKLMNOPQRSTUVWXYZ

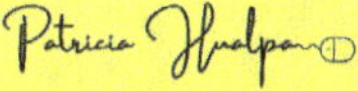

DECORATIVE FONTS

Jella

Creativity is an integral part of who I am.
0 1 2 3 4 5 6 7 8 9
A B C D E F G H I J K L M
N O P Q R S T U V W X Y Z
a b c d e f g h i j k l m n o p q r s t u v w x y z

Kawthar

Creativity is an integral part of who I am.
0 1 2 3 4 5 6 7 8 9
A B C D E F G H I J K L M
N O P Q R S T U V W X Y Z
a b c d e f g h i j k l m n o p q r s t u v w x y z

Kavoon

Creativity is an integral part of who I am.
0 1 2 3 4 5 6 7 8 9
A B C D E F G H I J K L M
N O P Q R S T U V W X Y Z
a b c d e f g h i j k l m n o p q r s t u v w x y z

Klemer Display

Creativity is an integral part of who I am.
0123456789
ABCDEFGHIJKLM
NOPQRSTUVWXYZ
abcdefghijklmnopqrstuvwxyz

Lazydog

CREATIVITY IS AN INTEGRAL PART OF WHO I AM.
0123456789
ABCDEFGHIJKLM
NOPQRSTUVWXYZ

* It doesn't have lowercase typography.

Lotus Eater Sans

Creativity is an integral part of who I am.
0123456789
ABCDEFGHIJKLM
NOPQRSTUVWXYZ
ABCDEFGHIJKLMNOPQRSTUVWXYZ

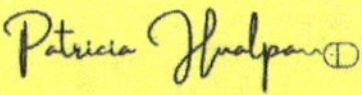

Luckiest Guy

CREATIVITY IS AN INTEGRAL PART OF WHO I AM.
0123456789
A B C D E F G H I J K L M
N O P Q R S T U V W X Y Z

* It doesn't have lowercase typography.

Lucky Bones

Creativity is an integral part of who I am.
0 1 2 3 4 5 6 7 8 9
A B C D E F G H I J K L M
N O P Q R S T U V W X Y Z
a b c d e f g h i j k l m n o p q r s t u v w x y z

Maely

Creativity is an integral part of who i am.
0 1 2 3 4 5 6 7 8 9
A B C D E F G H I J K L M
N O P Q R S T U V W X Y Z
a b c d e f g h i j k l m n o p q r s t u v w x y z

DECORATIVE FONTS

Mak

Creativity is an integral part of who I am.
0 1 2 3 4 5 6 7 8 9
A B C D E F G H I J K L M
N O P Q R S T U V W X Y Z
a b c d e f g h i j k l m n o p q r s t u v w x y z

Marcellus

Creativity is an integral part of who I am.
0 1 2 3 4 5 6 7 8 9
A B C D E F G H I J K L M
N O P Q R S T U V W X Y Z
a b c d e f g h i j k l m n o p q r s t u v w x y z

Megrim

CREATIVITY IS AN INTEGRAL PART OF WHO I AM.
0 1 2 3 4 5 6 7 8 9
A B C D E F G H I J K L M
N O P Q R S T U V W X Y Z
A B C D E F G H I J K L M N O P Q R S T U V W X Y Z

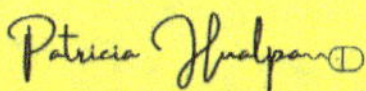

DECORATIVE FONTS

Migaela

Creativity is an integral part of who I am.
0123456789
A B C D E F G H I J K L M
N O P Q R S T U V W X Y Z
a b c d e f g h i j k l m n o p q r s t u v w x y z

Molenilo

Creativity is an integral part of who I am.
0123456789
A B C D E F G H I J K L M
N O P Q R S T U V W X Y Z
a b c d e f g h i j k l m n o p q r s t u v w x y z

Moonlight

Creativity is an integral part of who I am.
0123456789
A B C D E F G H I J K L M
N O P Q R S T U V W X Y Z
a b c d e f g h i j k l m n o p q r s t u v w x y z

Niconne

Creativity is an integral part of who I am.

0 1 2 3 4 5 6 7 8 9
A B C D E F G H I J K L M
N O P Q R S T U V W X Y Z
a b c d e f g h i j k l m n o p q r s t u v w x y z

Norwester

CREATIVITY IS AN INTEGRAL PART OF WHO I AM.

0 1 2 3 4 5 6 7 8 9

A B C D E F G H I J K L M
N O P Q R S T U V W X Y Z

* It doesn't have lowercase typography.

Nove

Creativity is an integral part of who I am.

0 1 2 3 4 5 6 7 8 9

A B C D E F G H I J K L M
N O P Q R S T U V W X Y Z

a b c d e f g h i j k l m n o p q r s t u v w x y z

Oleo Script

Creativity is an integral part of who I am.
0123456789
ABCDEFGHIJKLM
NOPQRSTUVWXYZ
abcdefghijklmnopqrstuvwxyz

Pacifico

Creativity is an integral part of who I am.
0123456789
ABCDEFGHIJKLM
NOPQRSTUVWXYZ
abcdefghijklmnopqrstuvwxyz

Petapon

CREATIVITY IS AN INTEGRAL PART OF WHO I AM.
0123456789
ABCDEFGHIJKLM
NOPQRSTUVWXYZ
ABCDEFGHIJKLMNOPQRSTUVWXYZ

Pirou

Creativity is an integral part of who I am.
0 1 2 3 4 5 6 7 8 9
A B C D E F G H I J K L M
N O P Q R S T U V W X Y Z
a b c d e f g h i j k l m n o p q r s t u v w x y z

Pompiere

Creativity is an integral part of who I am.
0 1 2 3 4 5 6 7 8 9
A B C D E F G H I J K L M
N O P Q R S T U V W X Y Z
a b c d e f g h i j k l m n o p q r s t u v w x y z

Purple Purse

Creativity is an integral part of who I am.
0 1 2 3 4 5 6 7 8 9
A B C D E F G H I J K L M
N O P Q R S T U V W X Y Z
a b c d e f g h i j k l m n o p q r s t u v w x y z

DECORATIVE FONTS

Ranga

Creativity is an integral part of who I am.
0 1 2 3 4 5 6 7 8 9
A B C D E F G H I J K L M
N O P Q R S T U V W X Y Z
a b c d e f g h i j k l m n o p q r s t u v w x y z

Roller Coaster

Creativity is an integral part of who I am.
0 1 2 3 4 5 6 7 8 9
A B C D E F G H I J K L M
N O P Q R S T U V W X Y Z
a b c d e f g h i j k l m n o p q r s t u v w x y z

San Diego

CREATIVITY IS AN INTEGRAL PART OF WHO I AM.
0 1 2 3 4 5 6 7 8 9
A B C D E F G H I J K L M
N O P Q R S T U V W X Y Z
* It doesn't have lowercase typography.

Satisfy

Creativity is an integral part of who I am.
0123456789
ABCDEFGHIJKLM
NOPQRSTUVWXYZ
abcdefghijklmnopqrstuvwxyz

Scripter

CREATIVITY IS AN INTEGRAL PART OF WHO I AM.
0123456789
ABCDEFGHIJKLM
NOPQRSTUVWXYZ

* It doesn't have lowercase typography.

Sego

Creativity is an integral part of who I am.
0123456789
ABCDEFGHIJKLM
NOPQRSTUVWXYZ
abcdefghijklmnopqrstuvwxyz

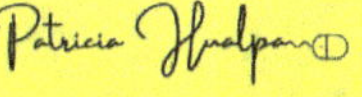

DECORATIVE FONTS

Selima

Creativity is an integral part of who I am.
0 1 2 3 4 5 6 7 8 9
A B C D E F G H I J K L M
N O P Q R S T U V W X Y Z
a b c d e f g h i j k l m n o p q r s t u v w x y z

Six Caps

Creativity is an integral part of who I am.
0 1 2 3 4 5 6 7 8 9
A B C D E F G H I J K L M
N O P Q R S T U V W X Y Z

* It doesn't have lowercase typography.

Sweet Dreams

Creativity is an integral part of who I am.
0 1 2 3 4 5 6 7 8 9
A B C D E F G H I J K L M
N O P Q R S T U V W X Y Z
a b c d e f g h i j k l m n o p q r s t u v w x y z

Patricia Hualpan   DECORATIVE FONTS

TAN Astoria

Creativity is an integral part of who I am.
0123456789
ABCDEFGHIJKLM
NOPQRSTUVWXYZ
abcdefghijklmnopqrstuvwxyz

TAN Meringue

Creativity is an integral part of who I am.
0123456789
ABCDEFGHIJKLM
NOPQRSTUVWXYZ
abcdefghijklmnopqrstuvwxyz

TAN Mon Cheri

Creativity is an integral part of who I am.
0123456789
ABCDEFGHIJKLM
NOPQRSTUVWXYZ
abcdefghijklmnopqrstuvwxyz

TAN Nimbus

Creativity is an integral part of who I am.
0123456789
ABCDEFGHIJKLM
NOPQRSTUVWXYZ
abcdefghijklmnopqrstuvwxyz

TAN Pearl

Creativity is an integral part of who I am.
0123456789
ABCDEFGHIJKLM
NOPQRSTUVWXYZ
abcdefghijklmnopqrstuvwxyz

TAN Tangkiwood

Creativity is an integral part of who I am.
0123456789
ABCDEFGHIJKLM
NOPQRSTUVWXYZ
abcdefghijklmnopqrstuvwxyz

DECORATIVE FONTS

TAN Twinkle

Creativity is an integral part of who I am.
0 1 2 3 4 5 6 7 8 9
A B C D E F G H I J K L M
N O P Q R S T U V W X Y Z
a b c d e f g h i j k l m n o p q r s t u v w x y z

Tomoyo TH

Creativity is an integral part of who I am.
0 1 2 3 4 5 6 7 8 9
A B C D E F G H I J K L M
N O P Q R S T U V W X Y Z
a b c d e f g h i j k l m n o p q r s t u v w x y z

TT Alientz Serif

Creativity is an integral part of who I am.
0 1 2 3 4 5 6 7 8 9
A B C D E F G H I J K L M
N O P Q R S T U V W X Y Z
a b c d e f g h i j k l m n o p q r s t u v w x y z

DECORATIVE FONTS

Underdog

Creativity is an integral part of who I am.
0 1 2 3 4 5 6 7 8 9
A B C D E F G H I J K L M
N O P Q R S T U V W X Y Z
a b c d e f g h i j k l m n o p q r s t u v w x y z

Unique

CREATIVITY IS AN INTEGRAL PART OF WHO I AM.
0 1 2 3 4 5 6 7 8 9
A B C D E F G H I J K L M
N O P Q R S T U V W X Y Z

* It doesn't have lowercase typography.

Waterlily

Creativity is an integral part of who I am.
0 1 2 3 4 5 6 7 8 9
A B C D E F G H I J K L M
N O P Q R S T U V W X Y Z
a b c d e f g h i j k l m n o p q r s t u v w x y z

WasetanNP

Creativity is an integral part of who I am.

0 1 2 3 4 5 6 7 8 9

A B C D E F G H I J K L M
N O P Q R S T U V W X Y Z
a b c d e f g h i j k l m n o p q r s t u v w x y z

Xplor

CREATIVITY IS AN INTEGRAL PART OF WHO I AM.

0 1 2 3 4 5 6 7 8 9

A B C D E F G H I J K L M
N O P Q R S T U V W X Y Z

* It doesn't have lowercase typography.

Zenaida

Creativity is an integral part of who I am.

0 1 2 3 4 5 6 7 8 9

A B C D E F G H I J K L M
N O P Q R S T U V W X Y Z
a b c d e f g h i j k l m n o p q r s t u v w x y z

Patricia Hualpa

DECORATIVE FONTS

Club de la Mujer Dorada
ACTIVA EL PODER DE TU ESENCIA
Te invita al Taller
Libera tu Creatividad
con ChatGPT
Aplicación en:
Marketing Digital
Elaboración de Libros
Organización en el Hogar
LIVE
@lamarujadigital
INGRESO LIBRE
AGENDALO!
VIERNES | 07
31 MARZO | PM
PRESENTADO POR
Lic. Patricia Hualpa

Te invita a participar del Taller
EMPODERA TU
Mente
con Patricia Hualpa
MIERCOLES
1 DE FEBRERO
8:00 PM
9:00 PM
11:00 PM
INGRESO
LIBRE

La Multi Ani
Arina
Grosu
8

Escuela de Ventas
Taller
VENTAS CON Alma
Tema:
TUS PALABRAS
TUS RESULTADOS
con
Alma Barra
VIERNES
DE MARZO
INGRESO
LIBRE
9:00 AM MEXICO
10:00 AM PERU
00 M ARGENTINA
LIVE
@alma123

They are characterized by their sophistication, fine strokes, and fluid lines that convey a sense of refinement and style. These fonts are ideal for projects aiming to evoke a luxurious ambiance, such as **wedding invitations, greeting cards, exclusive event announcements, or high-end brand logos.** They are also an excellent choice when you want to add a touch of distinction to your designs.

However, like decorative fonts, it's essential to use them in moderation and in the right context, as their elegance may lose impact if overused.

29LT Riwaya

I am the creator of my life.
0123456789
ABCDEFGHIJKLM
NOPQRSTUVWXYZ
abcdefghijklmnopqrstuvwxyz

29LT Zeyn

I am the creator of my life.
0123456789
ABCDEFGHIJKLM
NOPQRSTUVWXYZ
abcdefghijklmnopqrstuvwxyz

Abril Fatface

I am the creator of my life.
0123456789
ABCDEFGHIJKLM
NOPQRSTUVWXYZ
abcdefghijklmnopqrstuvwxyz

Alegreya

I am the creator of my life.
0 1 2 3 4 5 6 7 8 9
A B C D E F G H I J K L M
N O P Q R S T U V W X Y Z
a b c d e f g h i j k l m n o p q r s t u v w x y z

Alta

I AM THE CREATOR OF MY LIFE.
0 1 2 3 4 5 6 7 8 9
A B C D E F G H I J K L M
N O P Q R S T U V W X Y Z

* It doesn't have lowercase typography.

Amita

I am the creator of my life.
0 1 2 3 4 5 6 7 8 9
A B C D E F G H I J K L M
N O P Q R S T U V W X Y Z
a b c d e f g h i j k l m n o p q r s t u v w x y z

Antic Didone

I am the creator of my life.
0 1 2 3 4 5 6 7 8 9
A B C D E F G H I J K L M
N O P Q R S T U V W X Y Z
a b c d e f g h i j k l m n o p q r s t u v w x y z

Andika

I am the creator of my life.
0 1 2 3 4 5 6 7 8 9
A B C D E F G H I J K L M
N O P Q R S T U V W X Y Z
a b c d e f g h i j k l m n o p q r s t u v w x y z

Antonio

I am the creator of my life.
0 1 2 3 4 5 6 7 8 9
A B C D E F G H I J K L M
N O P Q R S T U V W X Y Z
a b c d e f g h i j k l m n o p q r s t u v w x y z

Balgin

I am the creator of my life.
0 1 2 3 4 5 6 7 8 9
A B C D E F G H I J K L M
N O P Q R S T U V W X Y Z
a b c d e f g h i j k l m n o p q r s t u v w x y z

Bellefair

I am the creator of my life.
0 1 2 3 4 5 6 7 8 9
A B C D E F G H I J K L M
N O P Q R S T U V W X Y Z
a b c d e f g h i j k l m n o p q r s t u v w x y z

Better Saturday

I am the creator of my life.
0 1 2 3 4 5 6 7 8 9
A B C D E F G H I J K L M
N O P Q R S T U V W X Y Z
a b c d e f g h i j k l m n o p q r s t u v w x y z

Billion Miracles

I am the creator of my life.
0123456789
A B C D E F G H I J K L M
N O P Q R S T U V W X Y Z
a b c d e f g h i j k l m n o p q r s t u v w x y z

Black Mango

I am the creator of my life.
0123456789
A B C D E F G H I J K L M
N O P Q R S T U V W X Y Z
a b c d e f g h i j k l m n o p q r s t u v w x y z

Blacker Sans Display

I am the creator of my life.
0123456789
A B C D E F G H I J K L M
N O P Q R S T U V W X Y Z
a b c d e f g h i j k l m n o p q r s t u v w x y z

Boston Angel

I am the creator of my life.
0123456789
A B C D E F G H I J K L M
N O P Q R S T U V W X Y Z
abcdefghijklmnopqrstuvwxyz

Brilliant Signature 3

I am the creator of my life.
0 1 2 3 4 5 6 7 8 9
A B C D E F G H I J K L M
N O P Q R S T U V W X Y Z
a b c d e f g h i j k l m n o p q r s t u v w x y z

Brown Sugar

I AM THE CREATOR OF MY LIFE.
0 1 2 3 4 5 6 7 8 9
A B C D E F G H I J K L M
N O P Q R S T U V W X Y Z

* It doesn't have lowercase typography.

Calmius

I am the creator of my life.

0 1 2 3 4 5 6 7 8 9

A B C D E F G H I J K L M
N O P Q R S T U V W X Y Z
a b c d e f g h i j k l m n o p q r s t u v w x y z

Callem

I am the creator of my life.

0 1 2 3 4 5 6 7 8 9

A B C D E F G H I J K L M
N O P Q R S T U V W X Y Z
a b c d e f g h i j k l m n o p q r s t u v w x y z

Catchy Mager

I am the creator of my life.

0 1 2 3 4 5 6 7 8 9

A B C D E F G H I J K L M
N O P Q R S T U V W X Y Z
a b c d e f g h i j k l m n o p q r s t u v w x y z

Cinzel

I AM THE CREATOR OF MY LIFE.
0 1 2 3 4 5 6 7 8 9
A B C D E F G H I J K L M
N O P Q R S T U V W X Y Z
A B C D E F G H I J K L M N O P Q R S T U V W X Y Z

Coterie

I AM THE CREATOR OF MY LIFE.
0 1 2 3 4 5 6 7 8 9
A B C D E F G H I J K L M
N O P Q R S T U V W X Y Z

* It doesn't have lowercase typography.

Crushed

I am The creator OF my Life.
0 1 2 3 4 5 6 7 8 9
A B C D E F G H I J K L M
N O P Q R S T U V W X Y Z
a b c d e f g h i j k l m n o p q r s t u v w x y z

Della Respira

I am the creator of my life.
0123456789
ABCDEFGHIJKLM
NOPQRSTUVWXYZ
abcdefghijklmnopqrstuvwxyz

Donau

I AM THE CREATOR OF MY LIFE.
0123456789
ABCDEFGHIJKLM
NOPQRSTUVWXYZ
* It doesn't have lowercase typography.

Essays1743

I am the creator of my life.
0 1 2 3 4 5 6 7 8 9
ABCDEFGHIJKLM
NOPQRSTUVWXYZ
abcdefghijklmnopqrstuvwxyz

Eyesome

I am the creator of my life.
0 1 2 3 4 5 6 7 8 9
A B C D E F G H I J K L M
N O P Q R S T U V W X Y Z
a b c d e f g h i j k l m n o p q r s t u v w x y z

Forum

I am the creator of my life.
0 1 2 3 4 5 6 7 8 9
A B C D E F G H I J K L M
N O P Q R S T U V W X Y Z
a b c d e f g h i j k l m n o p q r s t u v w x y z

Fraunces

I am the creator of my life.
0 1 2 3 4 5 6 7 8 9
A B C D E F G H I J K L M
N O P Q R S T U V W X Y Z
a b c d e f g h i j k l m n o p q r s t u v w x y z

Frunchy Sage

I am the creator of my life.
0 1 2 3 4 5 6 7 8 9
A B C D E F G H I J K L M
N O P Q R S T U V W X Y Z
a b c d e f g h i j k l m n o p q r s t u v w x y z

Glacial Indiferrence

I am the creator of my life.
0 1 2 3 4 5 6 7 8 9
A B C D E F G H I J K L M
N O P Q R S T U V W X Y Z
a b c d e f g h i j k l m n o p q r s t u v w x y z

Gruppo

I am the creator of my life.
0 1 2 3 4 5 6 7 8 9
A B C D E F G H I J K L M
N O P Q R S T U V W X Y Z
a b c d e f g h i j k l m n o p q r s t u v w x y z

ELEGANT FONTS

Hatton

I am the creator of my life.
0 1 2 3 4 5 6 7 8 9
A B C D E F G H I J K L M
N O P Q R S T U V W X Y Z
a b c d e f g h i j k l m n o p q r s t u v w x y z

Higuen Elegant

I am the creator of my life.
0 1 2 3 4 5 6 7 8 9
A B C D E F G H I J K L M
N O P Q R S T U V W X Y Z
a b c d e f g h i j k l m n o p q r s t u v w x y z

Italianno

I am the creator of my life.
0 1 2 3 4 5 6 7 8 9
A B C D E F G H I J K L M
N O P Q R S T U V W X Y Z
a b c d e f g h i j k l m n o p q r s t u v w x y z

Julius Sans One

I AM THE CREATOR OF MY LIFE.
0 1 2 3 4 5 6 7 8 9
A B C D E F G H I J K L M
N O P Q R S T U V W X Y Z
A B C D E F G H I J K L M N O P Q R S T U V W X Y Z

Kenao Sans Serif

I am the creator of my life.
0 1 2 3 4 5 6 7 8 9
A B C D E F G H I J K L M
N O P Q R S T U V W X Y Z
a b c d e f g h i j k l m n o p q r s t u v w x y z

Le Jour Serif

I AM THE CREATOR OF MY LIFE.
0 1 2 3 4 5 6 7 8 9
A B C D E F G H I J K L M
N O P Q R S T U V W X Y Z

* It doesn't have lowercase typography.

Loubag

I am the creator of my life.
0 1 2 3 4 5 6 7 8 9
A B C D E F G H I J K L M
N O P Q R S T U V W X Y Z
a b c d e f g h i j k l m n o p q r s t u v w x y z

Lovelo

I AM THE CREATOR OF MY LIFE.
0 1 2 3 4 5 6 7 8 9
A B C D E F G H I J K L M
N O P Q R S T U V W X Y Z

* It doesn't have lowercase typography.

Lovera

I am the creator of my life.
0 1 2 3 4 5 6 7 8 9
A B C D E F G H I J K L M
N O P Q R S T U V W X Y Z
a b c d e f g h i j k l m n o p q r s t u v w x y z

Maharlika

I am the creator of my life.
0 1 2 3 4 5 6 7 8 9
A B C D E F G H I J K L M
N O P Q R S T U V W X Y Z
a b c d e f g h i j k l m n o p q r s t u v w x y z

Maragsa

I am the creator of my life.
0 1 2 3 4 5 6 7 8 9
A B C D E F G H I J K L M
N O P Q R S T U V W X Y Z
a b c d e f g h i j k l m n o p q r s t u v w x y z

Mickle

I AM THE CREATOR OF MY LIFE.
0 1 2 3 4 5 6 7 8 9
A B C D E F G H I J K L M
N O P Q R S T U V W X Y Z

* It doesn't have lowercase typography.

Migra

I am the creator of my life.
0123456789
ABCDEFGHIJKLM
NOPQRSTUVWXYZ
abcdefghijklmnopqrstuvwxyz

Montagna

I am the creator of my life.
0123456789
ABCDEFGHIJKLM
NOPQRSTUVWXYZ
abcdefghijklmnopqrstuvwxyz

Monterchi

I am the creator of my life.
0123456789
ABCDEFGHIJKLM
NOPQRSTUVWXYZ
abcdefghijklmnopqrstuvwxyz

Ovo

I am the creator of my life.
0 1 2 3 4 5 6 7 8 9
A B C D E F G H I J K L M
N O P Q R S T U V W X Y Z
a b c d e f g h i j k l m n o p q r s t u v w x y z

Oswaldo

I am the creator of my life.
0 1 2 3 4 5 6 7 8 9
A B C D E F G H I J K L M
N O P Q R S T U V W X Y Z
a b c d e f g h i j k l m n o p q r s t u v w x y z

Perandory

I AM THE CREATOR OF MY LIFE.
0 1 2 3 4 5 6 7 8 9
A B C D E F G H I J K L M
N O P Q R S T U V W X Y Z

* It doesn't have lowercase typography.

Playfair Display SC

I AM THE CREATOR OF MY LIFE.
0 1 2 3 4 5 6 7 8 9
A B C D E F G H I J K L M
N O P Q R S T U V W X Y Z
A B C D E F G H I J K L M N O P Q R S T U V W X Y Z

Quando

I am the creator of my life.
0 1 2 3 4 5 6 7 8 9
A B C D E F G H I J K L M
N O P Q R S T U V W X Y Z
a b c d e f g h i j k l m n o p q r s t u v w x y z

Quattrocento

I am the creator of my life.
0 1 2 3 4 5 6 7 8 9
A B C D E F G H I J K L M
N O P Q R S T U V W X Y Z
a b c d e f g h i j k l m n o p q r s t u v w x y z

Rasputin

I am the creator of my life.
0123456789
ABCDEFGHIJKLM
NOPQRSTUVWXYZ
abcdefghijklmnopqrstuvwxyz

RoxboroughCF

I am the creator of my life.
0123456789
ABCDEFGHIJKLM
NOPQRSTUVWXYZ
abcdefghijklmnopqrstuvwxyz

Safira March

I am the creator of my life.
0123456789
ABCDEFGHIJKLM
NOPQRSTUVWXYZ
abcdefghijklmnopqrstuvwxyz

San Diego

I AM THE CREATOR OF MY LIFE.
0 1 2 3 4 5 6 7 8 9
A B C D E F G H I J K L M
N O P Q R S T U V W X Y Z

* It doesn't have lowercase typography.

Six Caps

I AM THE CREATOR OF MY LIFE.
0 1 2 3 4 5 6 7 8 9
A B C D E F G H I J K L M
N O P Q R S T U V W X Y Z

* It doesn't have lowercase typography.

ST Titan

I AM THE CREATOR OF MY LIFE.
0 1 2 3 4 5 6 7 8 9
A B C D E F G H I J K L M
N O P Q R S T U V W X Y Z
A B C D E F G H I J K L M N O P Q R S T U V W X Y Z

Stolen Love

I am the creator of my life.
0 1 2 3 4 5 6 7 8 9
A B C D E F G H I J K L M
N O P Q R S T U V W X Y Z
a b c d e f g h i j k l m n o p q r s t u v w x y z

TAN Mon Cheri

I am the creator of my life.
0 1 2 3 4 5 6 7 8 9
A B C D E F G H I J K L M
N O P Q R S T U V W X Y Z
a b c d e f g h i j k l m n o p q r s t u v w x y z

TAN Pearl

I am the creator of my life.
0 1 2 3 4 5 6 7 8 9
A B C D E F G H I J K L M
N O P Q R S T U V W X Y Z
a b c d e f g h i j k l m n o p q r s t u v w x y z

The Seasons

I am the creator of my life.
0123456789
ABCDEFGHIJKLM
NOPQRSTUVWXYZ
abcdefghijklmnopqrstuvwxyz

TT Drugs

I am the creator of my life.
0123456789
ABCDEFGHIJKLM
NOPQRSTUVWXYZ
abcdefghijklmnopqrstuvwxyz

TT Nooks Script

I am the creator of my life.
0123456789
ABCDEFGHIJKLM
NOPQRSTUVWXYZ
abcdefghijklmnopqrstuvwxyz

Vidaloka

I am the creator of my life.
0 1 2 3 4 5 6 7 8 9
A B C D E F G H I J K L M
N O P Q R S T U V W X Y Z
a b c d e f g h i j k l m n o p q r s t u v w x y z

Yeseba One

I am the creator of my life.
0 1 2 3 4 5 6 7 8 9
A B C D E F G H I J K L M
N O P Q R S T U V W X Y Z
a b c d e f g h i j k l m n o p q r s t u v w x y z

Zabatana Poster

I am the creator of my life.
0 1 2 3 4 5 6 7 8 9
A B C D E F G H I J K L M
N O P Q R S T U V W X Y Z
a b c d e f g h i j k l m n o p q r s t u v w x y z

Retro Fonts

These fonts are inspired by design and lettering styles that were popular in past decades, such as the 60s, 70s, or 80s. They have a vintage charm that evokes memories and a "old school" feel.

They are ideal for projects looking to capture the essence of a bygone era or to add an authentic touch to vintage-themed designs, like **classic movie posters**, **retro-style brand logos**, or anything aiming to convey a sense of nostalgia and retro style.

20DB

I trust in my creative abilities.

0 1 2 3 4 5 6 7 8 9

A B C D E F G H I J K L M
N O P Q R S T U V W X Y Z

a b c d e f g h i j k l m n o p q r s t u v w x y z

29LT Arapix

I trust in my creative abilities.

0 1 2 3 4 5 6 7 8 9

A B C D E F G H I J K L M
N O P Q R S T U V W X Y Z

a b c d e f g h i j k l m n o p q r s t u v w x y z

29LT Makina

I trust in my creative abilities.

0 1 2 3 4 5 6 7 8 9

A B C D E F G H I J K L M
N O P Q R S T U V W X Y Z

a b c d e f g h i j k l m n o p q r s t u v w x y z

Abibas

I trust in my creative abilities.
0 1 2 3 4 5 6 7 8 9
A B C D E F G H I J K L M
N O P Q R S T U V W X Y Z
a b c d e f g h i j k l m n o p q r s t u v w x y z

Adams Script

I trust in my creative abilities.
0 1 2 3 4 5 6 7 8 9
A B C D E F G H I J K L M
N O P Q R S T U V W X Y Z
a b c d e f g h i j k l m n o p q r s t u v w x y z

Agitaciya

I TRUST IN MY CREATIVE ABILITIES.
0 1 2 3 4 5 6 7 8 9
A B C D E F G H I J K L M
N O P Q R S T U V W X Y Z

* It doesn't have lowercase typography.

Agnets

I trust in my creative abilities.
0 1 2 3 4 5 6 7 8 9
A B C D E F G H I J K L M
N O P Q R S T U V W X Y Z
a b c d e f g h i j k l m n o p q r s t u v w x y z

Art Nuvo Letterpress

I TRUST IN MY CREATIVE ABILITIES.
0 1 2 3 4 5 6 7 8 9
A B C D E F G H I J K L M
N O P Q R S T U V W X Y Z
A B C D E F G H I J K L M N O P Q R S T U V W X Y Z

Awesome Lathusca

I TRUST IN MY CREATIVE ABILITIES.
0 1 2 3 4 5 6 7 8 9
A B C D E F G H I J K L M
N O P Q R S T U V W X Y Z
A B C D E F G H I J K L M N O P Q R S T U V W X Y Z

Bangers

I TRUST IN MY CREATIVE ABILITIES.
0123456789
ABCDEFGHIJKLM
NOPQRSTUVWXYZ

* It doesn't have lowercase typography.

Belina

I trust in my creative abilities.
0123456789
ABCDEFGHIJKLM
NOPQRSTUVWXYZ
abcdefghijklmnopqrstuvwxyz

Berkshire Swash

I trust in my creative abilities.
0123456789
ABCDEFGHIJKLM
NOPQRSTUVWXYZ
abcdefghijklmnopqrstuvwxyz

Bevan

I trust in my creative abilities.
0123456789
ABCDEFGHIJKLM
NOPQRSTUVWXYZ
abcdefghijklmnopqrstuvwxyz

Bright Retro

I trust in my creative abilities.
0123456789
ABCDEFGHIJKLM
NOPQRSTUVWXYZ
abcdefghijklmnopqrstuvwxyz

Della Respira

I trust in my creative abilities.
0123456789
ABCDEFGHIJKLM
NOPQRSTUVWXYZ
abcdefghijklmnopqrstuvwxyz

Dunao

I TRUST IN MY CREATIVE ABILITIES.

0 1 2 3 4 5 6 7 8 9

A B C D E F G H I J K L M
N O P Q R S T U V W X Y Z

* It doesn't have lowercase typography.

Druzhba Retro

I TRUST IN MY CREATIVE ABILITIES.

0 1 2 3 4 5 6 7 8 9

A B C D E F G H I J K L M
N O P Q R S T U V W X Y Z

* It doesn't have lowercase typography.

Engravers'Old English

I trust in my creative abilities.

0 1 2 3 4 5 6 7 8 9

A B C D E F G H I J K L M
N O P Q R S T U V W X Y Z

a b c d e f g h i j k l m n o p q r s t u v w x y z

Fascinate Inline

I trust in my creative abilities.
0 1 2 3 4 5 6 7 8 9
A B C D E F G H I J K L M
N O P Q R S T U V W X Y Z
a b c d e f g h i j k l m n o p q r s t u v w x y z

Flying Circus

I TRUST IN MY CREATIVE ABILITIES.
0 1 2 3 4 5 6 7 8 9
A B C D E F G H I J K L M
N O P Q R S T U V W X Y Z
a b c d e f g h i j k l m n o p q r s t u v w x y z

Fraunces

I trust in my creative abilities.
0 1 2 3 4 5 6 7 8 9
A B C D E F G H I J K L M
N O P Q R S T U V W X Y Z
a b c d e f g h i j k l m n o p q r s t u v w x y z

FS Gravity

I trust in my creative abilities.
0123456789
ABCDEFGHIJKLM
NOPQRSTUVWXYZ
abcdefghijklmnopqrstuvwxyz

Genty

I trust in my creative abilities.
0123456789
ABCDEFGHIJKLM
NOPQRSTUVWXYZ
abcdefghijklmnopqrstuvwxyz

Grand Hotel

I trust in my creative abilities.
0123456789
ABCDEFGHIJKLM
NOPQRSTUVWXYZ
abcdefghijklmnopqrstuvwxyz

Harlow Solid

I trust in my creative abilities.
0123456789
ABCDEFGHIJKLM
NOPQRSTUVWXYZ
abcdefghijklmnopqrstuvwxyz

Hobo

I trust in my creative abilities.
0 1 2 3 4 5 6 7 8 9
A B C D E F G H I J K L M
N O P Q R S T U V W X Y Z
abcdefghijklmnopqrstuvwxyz

Isabella

I trust in my creative abilities.
0123456789
ABCDEFGHIJKLM
NOPQRSTUVWXYZ
abcdefghijklmnopqrstuvwxyz

Joric

I trust in my creative abilities.
0 1 2 3 4 5 6 7 8 9
A B C D E F G H I J K L M
N O P Q R S T U V W X Y Z
a b c d e f g h i j k l m n o p q r s t u v w x y z

JS Chanok

I trust in my creative abilities.
0 1 2 3 4 5 6 7 8 9
A B C D E F G H I J K L M
N O P Q R S T U V W X Y Z
a b c d e f g h i j k l m n o p q r s t u v w x y z

Kabel

I trust in my creative abilities.
0 1 2 3 4 5 6 7 8 9
A B C D E F G H I J K L M
N O P Q R S T U V W X Y Z
a b c d e f g h i j k l m n o p q r s t u v w x y z

Kinnari

I trust in my creative abilities.
0 1 2 3 4 5 6 7 8 9
A B C D E F G H I J K L M
N O P Q R S T U V W X Y Z
a b c d e f g h i j k l m n o p q r s t u v w x y z

Klemer Display

I trust in my creative abilities.
0 1 2 3 4 5 6 7 8 9
A B C D E F G H I J K L M
N O P Q R S T U V W X Y Z
a b c d e f g h i j k l m n o p q r s t u v w x y z

Limelight

I trust in my creative abilities.
0 1 2 3 4 5 6 7 8 9
A B C D E F G H I J K L M
N O P Q R S T U V W X Y Z
a b c d e f g h i j k l m n o p q r s t u v w x y z

Lobster

I trust in my creative abilities.
0123456789
ABCDEFGHIJKLM
NOPQRSTUVWXYZ
abcdefghijklmnopqrstuvwxyz

Loubag

I trust in my creative abilities.
0123456789
ABCDEFGHIJKLM
NOPQRSTUVWXYZ
abcdefghijklmnopqrstuvwxyz

Lovelo

I TRUST IN MY CREATIVE ABILITIES.
0123456789
ABCDEFGHIJKLM
NOPQRSTUVWXYZ

* It doesn't have lowercase typography.

Mak

I trust in my creative abilities.
0 1 2 3 4 5 6 7 8 9
A B C D E F G H I J K L M
N O P Q R S T U V W X Y Z
a b c d e f g h i j k l m n o p q r s t u v w x y z

Mestizo

I TRUST IN MY CREATIVE ABILITIES.
0 1 2 3 4 5 6 7 8 9
A B C D E F G H I J K L M
N O P Q R S T U V W X Y Z
A B C D E F G H I J K L M N O P Q R S T U V W X Y Z

Meteoritika

I TRUST IN MY CREATIVE ABILITIES.
0 1 2 3 4 5 6 7 8 9
A B C D E F G H I J K L M
N O P Q R S T U V W X Y Z
A B C D E F G H I J K L M N O P Q R S T U V W X Y Z

Migaela

I trust in my creative abilities.
0 1 2 3 4 5 6 7 8 9
A B C D E F G H I J K L M
N O P Q R S T U V W X Y Z
a b c d e f g h i j k l m n o p q r s t u v w x y z

Monfem

I trust in my creative abilities.
0 1 2 3 4 5 6 7 8 9
A B C D E F G H I J K L M
N O P Q R S T U V W X Y Z
a b c d e f g h i j k l m n o p q r s t u v w x y z

Monoton

I TRUST IN MY CREATIVE ABILITIES.
0 1 2 3 4 5 6 7 8 9
A B C D E F G H I J K L M
N O P Q R S T U V W X Y Z
a b c d e f g h i j k l m n o p q r s t u v w x y z

Nectarine

I TRUST IN MY CREATIVE ABILITIES.
0123456789
ABCDEFGHIJKLM
NOPQRSTUVWXYZ
ABCDEFGHIJKLMNOPQRSTUVWXYZ

Oregano

I trust in my creative abilities.
0123456789
ABCDEFGHIJKLM
NOPQRSTUVWXYZ
abcdefghijklmnopqrstuvwxyz

Pattaya

I trust in my creative abilities.
0123456789
ABCDEFGHIJKLM
NOPQRSTUVWXYZ
abcdefghijklmnopqrstuvwxyz

PL Benguiat Frisky

I trust in my creative abilities.
0123456789
ABCDEFGHIJKLM
NOPQRSTUVWXYZ
abcdefghijklmnopqrstuvwxyz

Retropix

I trust in my creative abilities.
0123456789
ABCDEFGHIJKLM
NOPQRSTUVWXYZ
abcdefghijklmnopqrstuvwxyz

Roller Coaster Serif

I trust in my creative abilities.
0123456789
ABCDEFGHIJKLM
NOPQRSTU V W X YZ
abcdefghijklmnopqrstuvwxyz

Rugrats

I trust in my creative abilities.
0123456789
A B C D E F G H I J K L M
N O P Q R S T U V W X Y Z
a b c d e f g h i j k l m n o p q r s t u v w x y z

ST Petrovica

I trust in my creative abilities.
0 1 2 3 4 5 6 7 8 9
A B C D E F G H I J K L M
N O P Q R S T U V W X Y Z
a b c d e f g h i j k l m n o p q r s t u v w x y z

Sugo Display

I trust in my creative abilities.
0 1 2 3 4 5 6 7 8 9
A B C D E F G H I J K L M
N O P Q R S T U V W X Y Z
a b c d e f g h i j k l m n o p q r s t u v w x y z

TAN Astoria

I trust in my creative abilities.
0123456789
ABCDEFGHIJKLM
NOPQRSTUVWXYZ
abcdefghijklmnopqrstuvwxyz

TAN Meringue

I trust in my creative abilities.
0123456789
ABCDEFGHIJKLM
NOPQRSTUVWXYZ
abcdefghijklmnopqrstuvwxyz

TAN Ninbus

I trust in my creative abilities.
0123456789
ABCDEFGHIJKLM
NOPQRSTUVWXYZ
abcdefghijklmnopqrstuvwxyz

Trochut

I trust in mY creative abilities.
0123456789
ABCDEFGHIJKLM
NOPQRSTUVWXYZ
abcdefghijklmnopqrstuvwxyz

UKIJ Ruqi

I trust in my creative abilities.
0123456789
ABCDEFGHIJKLM
NOPQRSTUVWXYZ
abcdefghijklmnopqrstuvwxyz

Vintage Rotter

I trust in my creative abilities.
0123456789
ABCDEFGHIJKLM
NOPQRSTUVWXYZ
abcdefghijklmnopqrstuvwxyz

Serif Fonts

They are characterized by small ornaments or serifs at the ends of the letters, giving them a classic and sophisticated appearance. These typefaces are ideal for projects that aim to evoke a sense of tradition and formality, such as **academic documents, printed books, newspapers, wedding invitations, and company logos** with a focus on authenticity and reliability. They are perfect for conveying important information with style.

I present the fonts in both their regular style and in their cursive style. The reason for this is that when you switch from the regular style to cursive, you will experience a noticeable visual transformation. This change can open up new creative possibilities and allow you to adapt the font to different contexts and expressions. As a result, you will have an even wider range of typographic tools at your disposal for your projects.

Abhaya Libre

I appreciate my capacity for creative thinking.

I appreciate my capacity for creative thinking.

0 1 2 3 4 5 6 7 8 9

A B C D E F G H I J K L M
N O P Q R S T U V W X Y Z
a b c d e f g h i j k l m n o p q r s t u v w x y z

Alice

I appreciate my capacity for creative thinking.

I appreciate my capacity for creative thinking.

0 1 2 3 4 5 6 7 8 9

A B C D E F G H I J K L M
N O P Q R S T U V W X Y Z
a b c d e f g h i j k l m n o p q r s t u v w x y z

Bad Russian

I APPRECIATE MY CAPACITY FOR CREATIVE THINKING.

0 1 2 3 4 5 6 7 8 9

A B C D E F G H I J K L M
N O P Q R S T U V W X Y Z

* It doesn't have a cursive style.
* It doesn't have lowercase typography.

Bodoni FLF

I appreciate my capacity for creative thinking.
I appreciate my capacity for creative thinking.
0 1 2 3 4 5 6 7 8 9
A B C D E F G H I J K L M
N O P Q R S T U V W X Y Z
a b c d e f g h i j k l m n o p q r s t u v w x y z

Bree Serif

I appreciate my capacity for creative thinking.
0 1 2 3 4 5 6 7 8 9
A B C D E F G H I J K L M
N O P Q R S T U V W X Y Z
a b c d e f g h i j k l m n o p q r s t u v w x y z
* It doesn't have a cursive style.

Brixton

I appreciate my capacity for creative thinking.
0 1 2 3 4 5 6 7 8 9
A B C D E F G H I J K L M
N O P Q R S T U V W X Y Z
a b c d e f g h i j k l m n o p q r s t u v w x y z
* It doesn't have a cursive style.

Patricia Hualpa · SERIF FONTS

Cardo

I appreciate my capacity for creative thinking.
I appreciate my capacity for creative thinking.
0 1 2 3 4 5 6 7 8 9
A B C D E F G H I J K L M
N O P Q R S T U V W X Y Z
a b c d e f g h i j k l m n o p q r s t u v w x y z

Caslon #3

I appreciate my capacity for creative thinking.
I appreciate my capacity for creative thinking.
0 1 2 3 4 5 6 7 8 9
A B C D E F G H I J K L M
N O P Q R S T U V W X Y Z
a b c d e f g h i j k l m n o p q r s t u v w x y z

Centaur

I appreciate my capacity for creative thinking.
I appreciate my capacity for creative thinking.
0 1 2 3 4 5 6 7 8 9
A B C D E F G H I J K L M
N O P Q R S T U V W X Y Z
a b c d e f g h i j k l m n o p q r s t u v w x y z

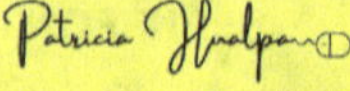

Chunk Five

I appreciate my capacity for creative thinking.
0123456789
ABCDEFGHIJKLM
NOPQRSTUVWXYZ
abcdefghijklmnopqrstuvwxyz

* It doesn't have a cursive style.

CMU Serif

I appreciate my capacity for creative thinking.
I appreciate my capacity for creative thinking.
0123456789
ABCDEFGHIJKLM
NOPQRSTUVWXYZ
abcdefghijklmnopqrstuvwxyz

Corben

I appreciate my capacity for creative thinking.
0123456789
ABCDEFGHIJKLM
NOPQRSTUVWXYZ
abcdefghijklmnopqrstuvwxyz

* It doesn't have a cursive style.

Copperplate Gothic 29 AB

I APPRECIATE MY CAPACITY FOR CREATIVE THINKING.
0 1 2 3 4 5 6 7 8 9
A B C D E F G H I J K L M
N O P Q R S T U V W X Y Z
A B C D E F G H I J K L M N O P Q R S T U V W X Y Z
* It doesn't have a cursive style.

Courier PS

I appreciate my capacity for creative thinking.
I appreciate my capacity for creative thinking.
0 1 2 3 4 5 6 7 8 9
A B C D E F G H I J K L M
N O P Q R S T U V W X Y Z
a b c d e f g h i j k l m n o p q r s t u v w x y z

Cyrillic Bodoni

I appreciate my capacity for creative thinking.
I appreciate my capacity for creative thinking.
0 1 2 3 4 5 6 7 8 9
A B C D E F G H I J K L M
N O P Q R S T U V W X Y Z
a b c d e f g h i j k l m n o p q r s t u v w x y z

DejaVu Serif

I appreciate my capacity for creative thinking.
I appreciate my capacity for creative thinking.
0 1 2 3 4 5 6 7 8 9
A B C D E F G H I J K L M
N O P Q R S T U V W X Y Z
a b c d e f g h i j k l m n o p q r s t u v w x y z

FB Klulot

I appreciate my capacity for creative thinking.
0 1 2 3 4 5 6 7 8 9
A B C D E F G H I J K L M
N O P Q R S T U V W X Y Z
a b c d e f g h i j k l m n o p q r s t u v w x y z

* It doesn't have a cursive style.

Flatory Serif

I appreciate my capacity for creative thinking.
I appreciate my capacity for creative thinking.
0 1 2 3 4 5 6 7 8 9
A B C D E F G H I J K L M
N O P Q R S T U V W X Y Z
a b c d e f g h i j k l m n o p q r s t u v w x y z

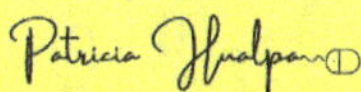

Forum

I appreciate my capacity for creative thinking.
0 1 2 3 4 5 6 7 8 9
A B C D E F G H I J K L M
N O P Q R S T U V W X Y Z
a b c d e f g h i j k l m n o p q r s t u v w x y z
* It doesn't have a cursive style.

Fraunces

I appreciate my capacity for creative thinking.
I appreciate my capacity for creative thinking.
0 1 2 3 4 5 6 7 8 9
A B C D E F G H I J K L M
N O P Q R S T U V W X Y Z
a b c d e f g h i j k l m n o p q r s t u v w x y z

Fry's Baskerville

I appreciate my capacity for creative thinking.
0 1 2 3 4 5 6 7 8 9
A B C D E F G H I J K L M
N O P Q R S T U V W X Y Z
a b c d e f g h i j k l m n o p q r s t u v w x y z
* It doesn't have a cursive style.

Garamond

I appreciate my capacity for creative thinking.
I appreciate my capacity for creative thinking.
0 1 2 3 4 5 6 7 8 9
A B C D E F G H I J K L M
N O P Q R S T U V W X Y Z
a b c d e f g h i j k l m n o p q r s t u v w x y z

Garbata

I appreciate my capacity for creative thinking.
I appreciate my capacity for creative thinking.
0 1 2 3 4 5 6 7 8 9
A B C D E F G H I J K L M
N O P Q R S T U V W X Y Z
a b c d e f g h i j k l m n o p q r s t u v w x y z

GFS Artemisia

I appreciate my capacity for creative thinking.
I appreciate my capacity for creative thinking.
0 1 2 3 4 5 6 7 8 9
A B C D E F G H I J K L M
N O P Q R S T U V W X Y Z
a b c d e f g h i j k l m n o p q r s t u v w x y z

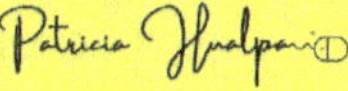

Gill Sans

I appreciate my capacity for creative thinking.
I appreciate my capacity for creative thinking.
0 1 2 3 4 5 6 7 8 9
A B C D E F G H I J K L M
N O P Q R S T U V W X Y Z
a b c d e f g h i j k l m n o p q r s t u v w x y z

Grand Cru S

I appreciate my capacity for creative thinking.
I appreciate my capacity for creative thinking.
0 1 2 3 4 5 6 7 8 9
A B C D E F G H I J K L M
N O P Q R S T U V W X Y Z
a b c d e f g h i j k l m n o p q r s t u v w x y z

Grenze

I appreciate my capacity for creative thinking.
I appreciate my capacity for creative thinking.
0 1 2 3 4 5 6 7 8 9
A B C D E F G H I J K L M
N O P Q R S T U V W X Y Z
a b c d e f g h i j k l m n o p q r s t u v w x y z

Hina-Mincho

I appreciate my capacity for creative thinking.
0 1 2 3 4 5 6 7 8 9
A B C D E F G H I J K L M
N O P Q R S T U V W X Y Z
a b c d e f g h i j k l m n o p q r s t u v w x y z
* It doesn't have a cursive style.

IBM Plex Serif

I appreciate my capacity for creative thinking.
I appreciate my capacity for creative thinking.
0 1 2 3 4 5 6 7 8 9
A B C D E F G H I J K L M
N O P Q R S T U V W X Y Z
a b c d e f g h i j k l m n o p q r s t u v w x y z

IM Fell

I appreciate my capacity for creative thinking.
I appreciate my capacity for creative thinking.
0 1 2 3 4 5 6 7 8 9
A B C D E F G H I J K L M
N O P Q R S T U V W X Y Z
a b c d e f g h i j k l m n o p q r s t u v w x y z

Inknut Antiqua

I appreciate my capacity for creative thinking.
0 1 2 3 4 5 6 7 8 9
A B C D E F G H I J K L M
N O P Q R S T U V W X Y Z
a b c d e f g h i j k l m n o p q r s t u v w x y z

* It doesn't have a cursive style.

ITC Benguiat

I appreciate my capacity for creative thinking.
I appreciate my capacity for creative thinking.
0 1 2 3 4 5 6 7 8 9
A B C D E F G H I J K L M
N O P Q R S T U V W X Y Z
a b c d e f g h i j k l m n o p q r s t u v w x y z

Josefin Sans

I appreciate my capacity for creative thinking.
I appreciate my capacity for creative thinking.
0 1 2 3 4 5 6 7 8 9
A B C D E F G H I J K L M
N O P Q R S T U V W X Y Z
a b c d e f g h i j k l m n o p q r s t u v w x y z

Josefin Slab

I appreciate my capacity for creative thinking.
I appreciate my capacity for creative thinking.
0 1 2 3 4 5 6 7 8 9
A B C D E F G H I J K L M
N O P Q R S T U V W X Y Z
a b c d e f g h i j k l m n o p q r s t u v w x y z

Kompot Slab

I APPRECIATE MY CAPACITY FOR CREATIVE THINKING.
0 1 2 3 4 5 6 7 8 9
A B C D E F G H I J K L M
N O P Q R S T U V W X Y Z

* It doesn't have a cursive style.
* It doesn't have lowercase typography.

Kuchek

I appreciate my capacity for creative thinking.
0 1 2 3 4 5 6 7 8 9
A B C D E F G H I J K L M
N O P Q R S T U V W X Y Z
a b c d e f g h i j k l m n o p q r s t u v w x y z

* It doesn't have a cursive style.

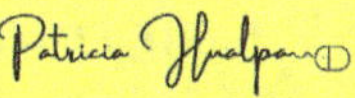

Kulachat Serif

I appreciate my capacity for creative thinking.
I appreciate my capacity for creative thinking.
0 1 2 3 4 5 6 7 8 9
A B C D E F G H I J K L M
N O P Q R S T U V W X Y Z
a b c d e f g h i j k l m n o p q r s t u v w x y z

Kumar One

I appreciate my capacity for creative thinking.
0 1 2 3 4 5 6 7 8 9
A B C D E F G H I J K L M
N O P Q R S T U V W X Y Z
a b c d e f g h i j k l m n o p q r s t u v w x y z

* It doesn't have a cursive style.

Kurale

I appreciate my capacity for creative thinking.
0 1 2 3 4 5 6 7 8 9
A B C D E F G H I J K L M
N O P Q R S T U V W X Y Z
a b c d e f g h i j k l m n o p q r s t u v w x y z
* It doesn't have a cursive style.

Laila

I appreciate my capacity for creative thinking.
0 1 2 3 4 5 6 7 8 9
A B C D E F G H I J K L M
N O P Q R S T U V W X Y Z
a b c d e f g h i j k l m n o p q r s t u v w x y z
* It doesn't have a cursive style.

Lora

I appreciate my capacity for creative thinking.
I *appreciate my capacity for creative thinking.*
0 1 2 3 4 5 6 7 8 9
A B C D E F G H I J K L M
N O P Q R S T U V W X Y Z
a b c d e f g h i j k l m n o p q r s t u v w x y z

Lazord Slab Serif

I appreciate my capacity for creative thinking.
I appreciate my capacity for creative thinking.
0 1 2 3 4 5 6 7 8 9
A B C D E F G H I J K L M
N O P Q R S T U V W X Y Z
a b c d e f g h i j k l m n o p q r s t u v w x y z

League Spartan

I appreciate my capacity for creative thinking.
0123456789
ABCDEFGHIJKLM
NOPQRSTUVWXYZ
abcdefghijklmnopqrstuvwxyz

* It doesn't have a cursive style.

Libre Baskerville

I appreciate my capacity for creative thinking.
I appreciate my capacity for creative thinking.
0123456789
ABCDEFGHIJKLM
NOPQRSTUVWXYZ
abcdefghijklmnopqrstuvwxyz

Life Savers

I appreciate my capacity for creative thinking.
0123456789
ABCDEFGHIJKLM
NOPQRSTUVWXYZ
abcdefghijklmnopqrstuvwxyz

* It doesn't have a cursive style.

Literaturnaya

I appreciate my capacity for creative thinking.
I appreciate my capacity for creative thinking.
0 1 2 3 4 5 6 7 8 9
A B C D E F G H I J K L M
N O P Q R S T U V W X Y Z
a b c d e f g h i j k l m n o p q r s t u v w x y z

Lovelace Text

I appreciate my capacity for creative thinking.
I appreciate my capacity for creative thinking.
0 1 2 3 4 5 6 7 8 9
A B C D E F G H I J K L M
N O P Q R S T U V W X Y Z
a b c d e f g h i j k l m n o p q r s t u v w x y z

Luthier

I appreciate my capacity for creative thinking.
I appreciate my capacity for creative thinking.
0 1 2 3 4 5 6 7 8 9
A B C D E F G H I J K L M
N O P Q R S T U V W X Y Z
a b c d e f g h i j k l m n o p q r s t u v w x y z

SERIF FONTS

Merriweather

I appreciate my capacity for creative thinking.
I appreciate my capacity for creative thinking.
0 1 2 3 4 5 6 7 8 9
A B C D E F G H I J K L M
N O P Q R S T U V W X Y Z
a b c d e f g h i j k l m n o p q r s t u v w x y z

Niconne

I appreciate my capacity for creative thinking.
0 1 2 3 4 5 6 7 8 9
A B C D E F G H I J K L M
N O P Q R S T U V W X Y Z
a b c d e f g h i j k l m n o p q r s t u v w x y z
* Its style is cursive.

Noto Serif

I appreciate my capacity for creative thinking.
I appreciate my capacity for creative thinking.
0 1 2 3 4 5 6 7 8 9
A B C D E F G H I J K L M
N O P Q R S T U V W X Y Z
a b c d e f g h i j k l m n o p q r s t u v w x y z

Now

I appreciate my capacity for creative thinking.
0 1 2 3 4 5 6 7 8 9
A B C D E F G H I J K L M
N O P Q R S T U V W X Y Z
a b c d e f g h i j k l m n o p q r s t u v w x y z

* It doesn't have a cursive style.

Oranienbaum

I appreciate my capacity for creative thinking.
0 1 2 3 4 5 6 7 8 9
A B C D E F G H I J K L M
N O P Q R S T U V W X Y Z
a b c d e f g h i j k l m n o p q r s t u v w x y z
* It doesn't have a cursive style.

Quintessential

I appreciate my capacity for creative thinking.
0 1 2 3 4 5 6 7 8 9
A B C D E F G H I J K L M
N O P Q R S T U V W X Y Z
a b c d e f g h i j k l m n o p q r s t u v w x y z
* It doesn't have a cursive style.

Radcliffe

I appreciate my capacity for creative thinking.
I appreciate my capacity for creative thinking.
0 1 2 3 4 5 6 7 8 9
A B C D E F G H I J K L M
N O P Q R S T U V W X Y Z
a b c d e f g h i j k l m n o p q r s t u v w x y z

RoxboroughCF

I appreciate my capacity for creative thinking.
I appreciate my capacity for creative thinking.
0 1 2 3 4 5 6 7 8 9
A B C D E F G H I J K L M
N O P Q R S T U V W X Y Z
a b c d e f g h i j k l m n o p q r s t u v w x y z

Sanchez

I appreciate my capacity for creative thinking.
I appreciate my capacity for creative thinking.
0 1 2 3 4 5 6 7 8 9
A B C D E F G H I J K L M
N O P Q R S T U V W X Y Z
a b c d e f g h i j k l m n o p q r s t u v w x y z

Sansita

I appreciate my capacity for creative thinking.
I appreciate my capacity for creative thinking.
0 1 2 3 4 5 6 7 8 9
A B C D E F G H I J K L M
N O P Q R S T U V W X Y Z
a b c d e f g h i j k l m n o p q r s t u v w x y z

Santiphap

I appreciate my capacity for creative thinking.
I appreciate my capacity for creative thinking.
0 1 2 3 4 5 6 7 8 9
A B C D E F G H I J K L M
N O P Q R S T U V W X Y Z
a b c d e f g h i j k l m n o p q r s t u v w x y z

Suranna

I appreciate my capacity for creative thinking.
0 1 2 3 4 5 6 7 8 9
A B C D E F G H I J K L M
N O P Q R S T U V W X Y Z
a b c d e f g h i j k l m n o p q r s t u v w x y z
* It doesn't have a cursive style.

Times New Roman

I appreciate my capacity for creative thinking.
I appreciate my capacity for creative thinking.
0 1 2 3 4 5 6 7 8 9
A B C D E F G H I J K L M
N O P Q R S T U V W X Y Z
a b c d e f g h i j k l m n o p q r s t u v w x y z

The Youngest Serif

I appreciate my capacity for creative thinking.
0 1 2 3 4 5 6 7 8 9
A B C D E F G H I J K L M
N O P Q R S T U V W X Y Z
a b c d e f g h i j k l m n o p q r s t u v w x y z
* It doesn't have a cursive style.

TT Ramillas

I appreciate my capacity for creative thinking.
I appreciate my capacity for creative thinking.
0 1 2 3 4 5 6 7 8 9
A B C D E F G H I J K L M
N O P Q R S T U V W X Y Z
a b c d e f g h i j k l m n o p q r s t u v w x y z

TT Tsars A

I APPRECIATE MY CAPACITY FOR CREATIVE THINKING.
0 1 2 3 4 5 6 7 8 9
A B C D E F G H I J K L M
N O P Q R S T U V W X Y Z
A B C D E F G H I J K L M N O P Q R S T U V W X Y Z
* It doesn't have a cursive style.

Vollkorn

I appreciate my capacity for creative thinking.
I appreciate my capacity for creative thinking.
0 1 2 3 4 5 6 7 8 9
A B C D E F G H I J K L M
N O P Q R S T U V W X Y Z
a b c d e f g h i j k l m n o p q r s t u v w x y z

Zenaida

I appreciate my capacity for creative thinking.
0 1 2 3 4 5 6 7 8 9
A B C D E F G H I J K L M
N O P Q R S T U V W X Y Z
a b c d e f g h i j k l m n o p q r s t u v w x y z
* It doesn't have a cursive style.

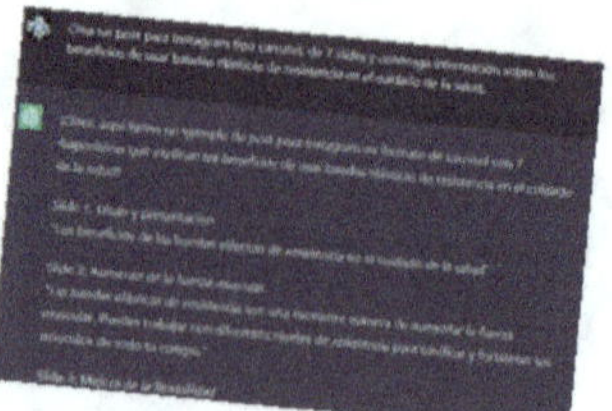

En conclusión, las aplicaciones en el mundo real de ChatGPT en la creación de contenido son numerosas y variadas. Desde la generación de contenido escrito y chatbots hasta la creación de descripciones de productos y contenido de marketing, esta tecnología de IA ha demostrado ser una herramienta valiosa tanto para las personas como para las empresas que buscan producir contenido atractivo y de alta calidad de manera eficiente y rentable. Ya sea que tenga el rol de creador de contenido, comercializador o propietario de un negocio, incorporar ChatGPT en el proceso de creación de contenido puede ayudar a elevar el contenido a un nivel superior.

El Poder de ChatGPT para Escritores de No Ficción

Desde la generación de ideas y esquemas hasta la elaboración de piezas completas de escritura, ChatGPT ofrece una gran cantidad de beneficios para aquellos que buscamos optimizar el proceso de creación de contenido.

Uno de los principales beneficios de usar ChatGPT para la creación de contenido es su capacidad para generar ideas nuevas y únicas, de

These fonts are characterized by their lack of decorative serifs on the letter endings, giving them a clean and modern appearance. Their simplicity makes them highly legible, especially in digital environments, and makes them a popular choice for a variety of contemporary designs. You can use sans-serif fonts in projects where clarity and modernity are essential, such as **websites, blogs, business presentations, or informational posters.**

They are also ideal when you're aiming for a professional and polished look without visual distractions.

Aileron

I cherish and embrace my unique style.
0 1 2 3 4 5 6 7 8 9
A B C D E F G H I J K L M
N O P Q R S T U V W X Y Z
a b c d e f g h i j k l m n o p q r s t u v w x y z

Alata

I cherish and embrace my unique style.
0 1 2 3 4 5 6 7 8 9
A B C D E F G H I J K L M
N O P Q R S T U V W X Y Z
a b c d e f g h i j k l m n o p q r s t u v w x y z

Alegreya Sans

I cherish and embrace my unique style.
0 1 2 3 4 5 6 7 8 9
A B C D E F G H I J K L M
N O P Q R S T U V W X Y Z
a b c d e f g h i j k l m n o p q r s t u v w x y z

SANS SERIF FONTS

Blacker Sans Pro

I cherish and embrace my unique style.
0 1 2 3 4 5 6 7 8 9
A B C D E F G H I J K L M
N O P Q R S T U V W X Y Z
a b c d e f g h i j k l m n o p q r s t u v w x y z

B612

I cherish and embrace my unique style.
0 1 2 3 4 5 6 7 8 9
A B C D E F G H I J K L M
N O P Q R S T U V W X Y Z
a b c d e f g h i j k l m n o p q r s t u v w x y z

Calmius Sans Low

I cherish and embrace my unique style.
0 1 2 3 4 5 6 7 8 9
A B C D E F G H I J K L M
N O P Q R S T U V W X Y Z
a b c d e f g h i j k l m n o p q r s t u v w x y z

Patricia Hualpa

SANS SERIF FONTS

I cherish and embrace my unique style.
0123456789
ABCDEFGHIJKLM
NOPQRSTUVWXYZ
abcdefghijklmnopqrstuvwxyz

Century Gotic Paneurop

I cherish and embrace my unique style.
0123456789
ABCDEFGHIJKLM
NOPQRSTUVWXYZ
abcdefghijklmnopqrstuvwxyz

Didact Gothic

I cherish and embrace my unique style.
0123456789
ABCDEFGHIJKLM
NOPQRSTUVWXYZ
abcdefghijklmnopqrstuvwxyz

Fredoka One

I cherish and embrace my unique style.
0123456789
ABCDEFGHIJKLM
NOPQRSTUVWXYZ
abcdefghijklmnopqrstuvwxyz

Futura

I cherish and embrace my unique style.
0123456789
ABCDEFGHIJKLM
NOPQRSTUVWXYZ
abcdefghijklmnopqrstuvwxyz

Garet

I cherish and embrace my unique style.
0123456789
ABCDEFGHIJKLM
NOPQRSTUVWXYZ
abcdefghijklmnopqrstuvwxyz

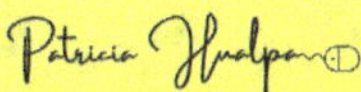

SANS SERIF FONTS

Glacial Indifference

I cherish and embrace my unique style.
0 1 2 3 4 5 6 7 8 9
A B C D E F G H I J K L M
N O P Q R S T U V W X Y Z
a b c d e f g h i j k l m n o p q r s t u v w x y z

Harmattan

I cherish and embrace my unique style.
0 1 2 3 4 5 6 7 8 9
A B C D E F G H I J K L M
N O P Q R S T U V W X Y Z
a b c d e f g h i j k l m n o p q r s t u v w x y z

Helvetica World

I cherish and embrace my unique style.
0 1 2 3 4 5 6 7 8 9
A B C D E F G H I J K L M
N O P Q R S T U V W X Y Z
a b c d e f g h i j k l m n o p q r s t u v w x y z

Hero

I cherish and embrace my unique style.
0 1 2 3 4 5 6 7 8 9
A B C D E F G H I J K L M
N O P Q R S T U V W X Y Z
a b c d e f g h i j k l m n o p q r s t u v w x y z

HK Grotesk

I cherish and embrace my unique style.
0 1 2 3 4 5 6 7 8 9
A B C D E F G H I J K L M
N O P Q R S T U V W X Y Z
a b c d e f g h i j k l m n o p q r s t u v w x y z

Hussar Bold

I cherish and embrace my unique style.
0 1 2 3 4 5 6 7 8 9
A B C D E F G H I J K L M
N O P Q R S T U V W X Y Z
a b c d e f g h i j k l m n o p q r s t u v w x y z

Kollektif

I cherish and embrace my unique style.
0123456789
ABCDEFGHIJKLM
NOPQRSTUVWXYZ
abcdefghijklmnopqrstuvwxyz

Lato

I cherish and embrace my unique style.
0123456789
ABCDEFGHIJKLM
NOPQRSTUVWXYZ
abcdefghijklmnopqrstuvwxyz

League Gothic

I cherish and embrace my unique style.
0123456789
ABCDEFGHIJKLM
NOPQRSTUVWXYZ
abcdefghijklmnopqrstuvwxyz

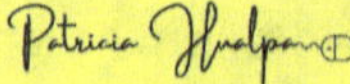

SANS SERIF FONTS

League Spartan

I cherish and embrace my unique style.
0123456789
ABCDEFGHIJKLM
NOPQRSTUVWXYZ
abcdefghijklmnopqrstuvwxyz

Livvic

I cherish and embrace my unique style.
0123456789
ABCDEFGHIJKLM
NOPQRSTUVWXYZ
abcdefghijklmnopqrstuvwxyz

Manjari

I cherish and embrace my unique style.
0123456789
ABCDEFGHIJKLM
NOPQRSTUVWXYZ
abcdefghijklmnopqrstuvwxyz

SANS SERIF FONTS

Martel Sans

I cherish and embrace my unique style.
0 1 2 3 4 5 6 7 8 9
A B C D E F G H I J K L M
N O P Q R S T U V W X Y Z
a b c d e f g h i j k l m n o p q r s t u v w x y z

Montserrat

I cherish and embrace my unique style.
0 1 2 3 4 5 6 7 8 9
A B C D E F G H I J K L M
N O P Q R S T U V W X Y Z
a b c d e f g h i j k l m n o p q r s t u v w x y z

Montserrat Classic

I cherish and embrace my unique style.
0 1 2 3 4 5 6 7 8 9
A B C D E F G H I J K L M
N O P Q R S T U V W X Y Z
a b c d e f g h i j k l m n o p q r s t u v w x y z

Nunito Sans

I cherish and embrace my unique style.
0 1 2 3 4 5 6 7 8 9
A B C D E F G H I J K L M
N O P Q R S T U V W X Y Z
a b c d e f g h i j k l m n o p q r s t u v w x y z

Open Sans

I cherish and embrace my unique style.
0 1 2 3 4 5 6 7 8 9
A B C D E F G H I J K L M
N O P Q R S T U V W X Y Z
a b c d e f g h i j k l m n o p q r s t u v w x y z

Peace Sans

I cherish and embrace my unique style.
0 1 2 3 4 5 6 7 8 9
A B C D E F G H I J K L M
N O P Q R S T U V W X Y Z
a b c d e f g h i j k l m n o p q r s t u v w x y z

Poppins

I cherish and embrace my unique style.
0 1 2 3 4 5 6 7 8 9
A B C D E F G H I J K L M
N O P Q R S T U V W X Y Z
a b c d e f g h i j k l m n o p q r s t u v w x y z

Prosto

I cherish and embrace my unique style.
0 1 2 3 4 5 6 7 8 9
A B C D E F G H I J K L M
N O P Q R S T U V W X Y Z
a b c d e f g h i j k l m n o p q r s t u v w x y z

Quicksand

I cherish and embrace my unique style.
0 1 2 3 4 5 6 7 8 9
A B C D E F G H I J K L M
N O P Q R S T U V W X Y Z
a b c d e f g h i j k l m n o p q r s t u v w x y z

Raleway

I cherish and embrace my unique style.
0 1 2 3 4 5 6 7 8 9
A B C D E F G H I J K L M
N O P Q R S T U V W X Y Z
a b c d e f g h i j k l m n o p q r s t u v w x y z

Roboto

I cherish and embrace my unique style.
0 1 2 3 4 5 6 7 8 9
A B C D E F G H I J K L M
N O P Q R S T U V W X Y Z
a b c d e f g h i j k l m n o p q r s t u v w x y z

Rubik

I cherish and embrace my unique style.
0 1 2 3 4 5 6 7 8 9
A B C D E F G H I J K L M
N O P Q R S T U V W X Y Z
a b c d e f g h i j k l m n o p q r s t u v w x y z

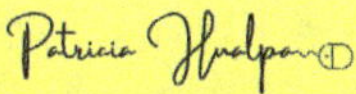

SANS SERIF FONTS

Source Sans Pro

I cherish and embrace my unique style.
0 1 2 3 4 5 6 7 8 9
A B C D E F G H I J K L M
N O P Q R S T U V W X Y Z
a b c d e f g h i j k l m n o p q r s t u v w x y z

Squada One

I cherish and embrace my unique style.
0 1 2 3 4 5 6 7 8 9
A B C D E F G H I J K L M
N O P Q R S T U V W X Y Z
a b c d e f g h i j k l m n o p q r s t u v w x y z

Stinger

I cherish and embrace my unique style.
0 1 2 3 4 5 6 7 8 9
A B C D E F G H I J K L M
N O P Q R S T U V W X Y Z
a b c d e f g h i j k l m n o p q r s t u v w x y z

Tahoma

I cherish and embrace my unique style.
0 1 2 3 4 5 6 7 8 9
A B C D E F G H I J K L M
N O P Q R S T U V W X Y Z
a b c d e f g h i j k l m n o p q r s t u v w x y z

TS Damas Sans

I cherish and embrace my unique style.
0 1 2 3 4 5 6 7 8 9
A B C D E F G H I J K L M
N O P Q R S T U V W X Y Z
a b c d e f g h i j k l m n o p q r s t u v w x y z

TT Chocolates

I cherish and embrace my unique style.
0 1 2 3 4 5 6 7 8 9
A B C D E F G H I J K L M
N O P Q R S T U V W X Y Z
a b c d e f g h i j k l m n o p q r s t u v w x y z

SANS SERIF FONTS

TT Fors

I cherish and embrace my unique style.
0 1 2 3 4 5 6 7 8 9
A B C D E F G H I J K L M
N O P Q R S T U V W X Y Z
a b c d e f g h i j k l m n o p q r s t u v w x y z

Ubuntu

I cherish and embrace my unique style.
0 1 2 3 4 5 6 7 8 9
A B C D E F G H I J K L M
N O P Q R S T U V W X Y Z
a b c d e f g h i j k l m n o p q r s t u v w x y z

Wedges

I CHERISH AND EMBRACE MY UNIQUE STYLE.
0 1 2 3 4 5 6 7 8 9
A B C D E F G H I J K L M
N O P Q R S T U V W X Y Z

* It doesn't have lowercase typography.

Patricia Hartpen

SANS SERIF FONTS

Yanonne Kaffeesatz

I cherish and embrace my unique style.
0123456789
ABCDEFGHIJKLM
NOPQRSTUVWXYZ
abcdefghijklmnopqrstuvwxyz

Zen Maru Gotic

I cherish and embrace my unique style.
0123456789
ABCDEFGHIJKLM
NOPQRSTUVWXYZ
abcdefghijklmnopqrstuvwxyz

Zico Sans

I cherish and embrace my unique style.
0123456789
ABCDEFGHIJKLM
NOPQRSTUVWXYZ
abcdefghijklmnopqrstuvwxyz

La Maruja Digital
LA MARUJA DIGITAL
Bienvenid@s al encuentro
entre la vida cotidiana
y la tecnología
www.lamarujadigital.com
5 TIPS PARA TRIUNFAR
EN LA ERA DIGITAL

CREATIVIDAD DIGITAL
Aprende herramientas digitales que están en tendencia, mejora tu productividad e impulsa tu presencia Digital. No importa tu nivel de experiencia, desbloquea tu potencial y sorpréndete de lo que puedes lograr en el ámbito digital.
Libera tu Creatividad!
Cursos Disponibles
Contáctanos

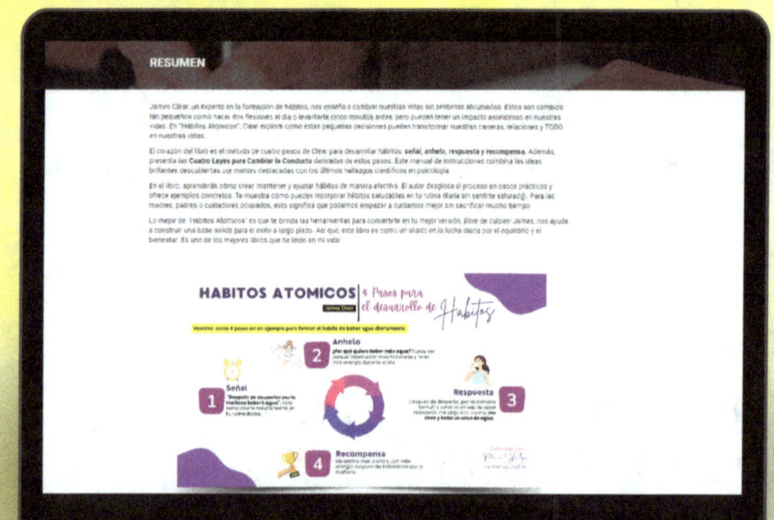

RESUMEN
James Clear, un experto en la formación de hábitos, nos enseña a cambiar nuestras vidas sin sentirnos abrumados. Estos son cambios tan pequeños como hacer dos flexiones al día o levantarte cinco minutos antes, pero pueden tener un impacto asombroso en nuestras vidas. En "Hábitos Atómicos", Clear explora cómo estas pequeñas decisiones pueden transformar nuestras carreras, relaciones y TODO en nuestras vidas.

El corazón del libro es el método de cuatro pasos de Clear para desarrollar hábitos: señal, anhelo, respuesta y recompensa. Además, presenta las Cuatro Leyes para Cambiar la Conducta derivadas de estos pasos. Este manual de instrucciones combina las ideas brillantes descubiertas por mentes destacadas con los últimos hallazgos científicos en psicología.

En el libro, aprenderás cómo crear, mantener y ajustar hábitos de manera efectiva. El autor desglosa el proceso en pasos prácticos y ofrece ejemplos concretos. Te muestra cómo puedes incorporar hábitos saludables en tu rutina diaria sin sentirte saturado. Para las madres, padres o cuidadores ocupados, esto significa que podemos empezar a cuidarnos mejor sin sacrificar mucho tiempo.

Lo mejor de "Hábitos Atómicos" es que te brinda las herramientas para convertirte en tu mejor versión, libre de culpas! James, nos ayuda a construir una base sólida para el éxito a largo plazo. Así que, este libro es como un aliado en la lucha diaria por el equilibrio y el bienestar. Es uno de los mejores libros que he leído en mi vida!

HABITOS ATOMICOS
James Clear
4 Pasos para el desarrollo de Hábitos

Veamos estos 4 pasos en un ejemplo para formar el hábito de beber agua diariamente.

1 Señal
2 Anhelo
3 Respuesta
4 Recompensa

These fonts are specifically designed for use in educational environments. They are characterized by their clarity and readability, making them ideal for use in instructional materials, educational resources, and teaching activities. Their simple and unadorned design, with large letters and straight strokes, facilitates reading and comprehension of texts for both educators and students.

They are very useful for **mothers or caregivers who want to create educational materials with a child-friendly design**, as this type of font ensures that the content is accessible and easy to understand for young learners.

Educator fonts are a versatile and valuable tool for enhancing the learning process and creativity.

Antio

I AM A UNIQUE PERSON.
0 1 2 3 4 5 6 7 8 9

A B C D E F G H I J K L M
N O P Q R S T U V W X Y Z

* It doesn't have lowercase typography.

Bakerie

I am a unique person.
0 1 2 3 4 5 6 7 8 9
A B C D E F G H I J K L M
N O P Q R S T U V W X Y Z
a b c d e f g h i j k l m n o p q r s t u v w x y z

Black Bones

I am a unique person.
0 1 2 3 4 5 6 7 8 9
A B C D E F G H I J K L M
N O P Q R S T U V W X Y Z
a b c d e f g h i j k l m n o p q r s t u v w x y z

Blueberry

I am a unique Person.
0123456789
ABCDEFGHIJKLM
NOPQRSTUVWXYZ
abcdefghijklmnopqrstuvwxyz

Brydan Write

I am a unique person.
0 1 2 3 4 5 6 7 8 9
ABCDEFGHIJKLM
NOPQRSTUVWXYZ
abcdefghijklmnopqrstuvwxyz

Bubblebody Neue

I am a unique person.
0123456789
ABCDEFGHIJKLM
NOPQRSTUVWXYZ
abcdefghijklmnopqrstuvwxyz

Canva Student Font

I am a unique person.
0 1 2 3 4 5 6 7 8 9
A B C D E F G H I J K L M
N O P Q R S T U V W X Y Z
a b c d e f g h i j k l m n o p q r s t u v w x y z

Childos Arabic

I am a unique person.
0 1 2 3 4 5 6 7 8 9
A B C D E F G H I J K L M
N O P Q R S T U V W X Y Z
a b c d e f g h i j k l m n o p q r s t u v w x y z

Coming Soon

I am a unique person.
0 1 2 3 4 5 6 7 8 9
A B C D E F G H I J K L M
N O P Q R S T U V W X Y Z
a b c d e f g h i j k l m n o p q r s t u v w x y z

Dreaming Outloud Script

I am a unique person.
0 1 2 3 4 5 6 7 8 9
A B C D E F G H I J K L M
N O P Q R S T U V W X Y Z
a b c d e f g h i j k l m n o p q r s t u v w x y z

Finger Paint

I am a unique person.
0 1 2 3 4 5 6 7 8 9
A B C D E F G H I J K L M
N O P Q R S T U V W X Y Z
a b c d e f g h i j k l m n o p q r s t u v w x y z

Freckle Face

I am a unique person.
0 1 2 3 4 5 6 7 8 9
A B C D E F G H I J K L M
N O P Q R S T U V W X Y Z
a b c d e f g h i j k l m n o p q r s t u v w x y z

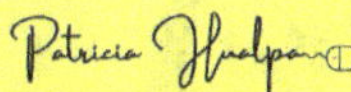

TEACHER FONTS

Gliker

I am a unique person.
0123456789
ABCDEFGHIJKLM
NOPQRSTUVWXYZ
abcdefghijklmnopqrstuvwxyz

Halimum

I am a unique person.
0123456789
ABCDEFGHIJKLM
NOPQRSTUVWXYZ
abcdefghijklmnopqrstuvwxyz

Hangyaboly

I am a unique person.
0 1 2 3 4 5 6 7 8 9
ABCDEFGHIJKLM
NOPQRSTUVWXYZ
abcdefghijklmnopqrstuvwxyz

Homemade Apple

I am a unique person.
0 1 2 3 4 5 6 7 8 9
A B C D E F G H I J K L M
N O P Q R S T U V W X Y Z
a b c d e f g h i j k l m n o p q r s t u v w x y z

IreneFlotentina

I am a unique person.
0 1 2 3 4 5 6 7 8 9
A B C D E F G H I J K L M
N O P Q R S T U V W X Y Z
a b c d e f g h i j k l m n o p q r s t u v w x y z

KG Primary Dots

I am a unique person.
0 1 2 3 4 5 6 7 8 9
A B C D E F G H I J K L M
N O P Q R S T U V W X Y Z
a b c d e f g h i j k l m n o p q r s t u v w x y z

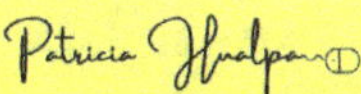 

TEACHER FONTS

KG Primary Dots Lined

I am a unique person.
0 1 2 3 4 5 6 7 8 9
A B C D E F G H I J K L M
N O P Q R S T U V W X Y Z
a b c d e f g h i j k l m n o p q r s t u v w x y z

KG Primary Penmanship L

I am a unique person.
0 1 2 3 4 5 6 7 8 9
A B C D E F G H I J K L M
N O P Q R S T U V W X Y Z
a b c d e f g h i j k l m n o p q r s t u v w x y z

Le Petit Cochon

i am a unique person.
0 1 2 3 4 5 6 7 8 9
A B C D E F G H I J K L M
N O P Q R S T U V W X Y Z
a b c d e f g h i j k l m n o p q r s t u v w x y z

Lemonade Display

i am a unique person.
0 1 2 3 4 5 6 7 8 9
a b c d e f g h i j k l m
n o p q r s t u v w x y z
abcdefghijklmnopqrstuvwxyz

Lovely

I am a unique person.
0 1 2 3 4 5 6 7 8 9
A B C D E F G H I J K L M
N O P Q R S T U V W X Y Z
a b c d e f g h i j k l m n o p q r s t u v w x y z

Lumios Marker

I am a unique person.
0 1 2 3 4 5 6 7 8 9
A B C D E F G H I J K L M
N O P Q R S T U V W X Y Z
a b c d e f g h i j k l m n o p q r s t u v w x y z

Mansalva

I am a unique person.
0 1 2 3 4 5 6 7 8 9
A B C D E F G H I J K L M
N O P Q R S T U V W X Y Z
a b c d e f g h i j k l m n o p q r s t u v w x y z

More Sugar

I am a unique person.
0 1 2 3 4 5 6 7 8 9
A B C D E F G H I J K L M
N O P Q R S T U V W X Y Z
a b c d e f g h i j k l m n o p q r s t u v w x y z

Permanent Marker

I AM A UNIQUE PERSON.
0 1 2 3 4 5 6 7 8 9
A B C D E F G H I J K L M
N O P Q R S T U V W X Y Z
A B C D E F G H I J K L M N O P Q R S T U V W X Y Z

Pluma

I AM A UNIQUE PERSON.
0123456789
A B C D E F G H I J K L M
N O P Q R S T U V W X Y Z

* It doesn't have lowercase typography.

Schoolbell

I am a unique person.
0123456789
A B C D E F G H I J K L M
N O P Q R S T U V W X Y Z
a b c d e f g h i j k l m n o p q r s t u v w x y z

Some Time Later

i am a unique person.
0123456789
A B C D E F G H i J K L M
N O P Q R S T U V W X Y Z
a b c d e f g h i j k l m n o p q r s t u v w x y z

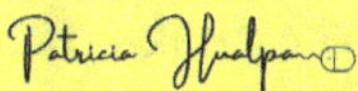

TEACHER FONTS

Sue Ellen Francisco

I am a unique person.
0 1 2 3 4 5 6 7 8 9
A B C D E F G H I J K L M
N O P Q R S T U V W X Y Z
a b c d e f g h i j k l m n o p q r s t u v w x y z

Shuneet Square

I am a unique person.
0 1 2 3 4 5 6 7 8 9
A B C D E F G H I J K L M
N O P Q R S T U V W X Y Z
a b c d e f g h i j k l m n o p q r s t u v w x y z

Tallow Regular

I AM A UNIQUE PERSON.
0123456789
A B C D E F G H I J K L M
N O P Q R S T U V W X Y Z
A B C D E F G H I J K L M N O P Q R S T U V W X Y Z

It's essential to carefully combine fonts in our advertising designs, web pages, and book texts for a fundamental reason: fonts play a crucial role in visual communication. The proper choice of fonts can significantly impact how the audience perceives and processes the information.

When we sensibly combine fonts, we can enhance readability, convey the brand's personality or the message we want to express, and ultimately elevate the aesthetic quality of our designs.

I have carefully chosen the letter combinations I present, with the purpose of offering you a useful and practical guide.

Abril Fatface
AILERON BLACK

ALATA
Cardo

ALTA
Amita

Amsterdam Two
ALATA

Angelina
CARDO

Angella White
AILERON

ANTONIO BOLD
Stolen Love

BARRIECITO
OVO

BEBAS NEUE
Lemon Tuesday

Better Saturday
Poppins

Black Mango
Garet

Bodoni FLF
RALEWAY

Bree Serif
The Youngest Serif

Bright Retro
Hero

Bright Retro
Manjari

Brilliant Signature 3
Poppins

BROWN SUGAR
GLACIAL INDIFFERENCE

Brusher
QUICKSAND BOLD

Callem
RoxboroughCF

CINZEL
GLACIAL INDIFFERENCE

chewy
LEAGUE SPARTAN

CRUSHED
Glacial Indifference

Dancing Script
ABHAYA LIBRE

Daydream
POPPIS

Dream Avenue
ANDIKA

DONAU
TT Lovelies Script

Flatory Serif
GLACIAL INDIFFERENCE

Fredoka One
GLACIAL INDIFFERENCE

FORUM
Josefin Sans

Forum
FUTURA

FRUNCHY SAGE
Andika

Galada
OPEN SANS CONDENSED

Genty
Century Gotic

Giaza
Ovo

Gjistesy
Alata

Gjistesy
COPPERPLATE GOTHIC 29 AB

Gochi Hand
NOW REGULAR

Halimum
Josefin Slab

HAMMERSMITH ONE
Playfair Display

Hatton Bold
Montserrat Classic

Hello January
Safira March

Hussar Bold
Themysion

JOSEFIN SANS
Source Sans Pro

Klemer Display
FB KLULOT

Kollektif
ROBOTO

LEAGUE GOTIC
Gistesy

LEAGUE GOTIC
Themysion

LE JOUR SERIF
Hero

LEAGUE SPARTAN
Brittany

LEAGUE SPARTAN
Sanchez

Lemon Tuesday
Aileron

LIBRE BASKERVILLE
Montserrat

Limelight
GLACIAL INDIFFERENCE

Loubag
AWESOME LATHUSCA

Lovelace
Quicksand

LOVELO
Gistesy

LOVELO
Montserrat

Lovera
Life Savers

LUCKY BONES
Martel Sans

NECTARINE
Open Sans

Niconne
MONTSERRAT

Nove
A Lovelies Script

Merriweather
Raleway

MOLENILO
Lato

MONTAGNA
A Lovelies

MONTERCHI
Glacial Indifference

ORANIENBAUM
DIDACTIC GOTHIC

OSWALD
Montserrat Classic

Pacifico
LIVVIC

PEACE SANS
Lemon Tuesday

Playfair Display
OSWALD

Playlist Script
AILERON BLACK

Playlist Script
HUSSAR BOLD

Ponu Club
MONTSERRAT

POPPINS
Lora

QUANDO
CINZEL

Quinteesential
GARAMOND

RALEWAY BLACK
Brilliant Signature 3

ROBOTO CONDENSED
Gistesy

TAN Astoria
DONAU

TAN Mon Cheri
OPEN SANS

TAN Mon Cheri
Calmius Sans Low

TAN Tangkiwood
Brittany

The Youngest Script
Open Sans

Sacramento
MONTSERRAT CLASSIC

Safira March
Moontime

Sansita
Santiphap

SAN DIEGO
Dream Avenue

Selima
GLACIAL INDIFFERENCE

SIX CUPS
LEAGUE SPARTAN

SQUADA ONE
JOSEFIN SANS

Stars & Love
Lato

ST TITAN
Frunchy Sage

SUGO DISPLAY
GRUPPO

TRUE TYPEWRITER
Halimum

Vidaloka
Open Sans

Vitual
TT Fors

Vollkorn Cursiva
POPPINS

WEDGES
HERO

Yellowtail
Glacial Indifference

Qué estoy leyendo?
Visualización Creativa
Shaki Gawain
Editorial Sirio
212 páginas
Año 2000
VISUALIZACIÓN CREATIVA
altamente recomendado!
@lamarujadigital

www.lamarujadigital.com
HAZ UNA
PAUSA
VIVE TUS MOMENTOS
Y DECIDE SÉR
feliz
@lamarujadigital

GRACIAS
POR LLEGAR HASTA AQUI
Siembra Amor
Comparte tu Opinión
Difunde la información
Conserva este contenido
@lamarujadigital

Afirmación
Dejo atrás mis viejas
creencias negativas.
Las nuevas me serán
más útiles.
Louise Hay
@elpoderdelserlat

AYUDA A SALVAR LA
tierra

Planta un árbol o
cuida de uno

Toma duchas
rápidas

Reduce
Reusa
Recicla

Apaga las luces que no uses
5 TIPS

Web Fonts Sources

I've compiled a carefully selected list of websites where you can find and download fonts for **free**.

These platforms offer a wide variety of styles and designs that fit any project you can imagine. From modern and elegant fonts to the boldest and most creative ones. Whether you're an educator in need of school fonts or a parent looking to breathe life into creative projects with a touch of childhood, these websites will provide you with a world of options.

If you are a Canva Free user, you might not see much utility in these websites; however, to make your posts stand out using fonts that others don't, I recommend that you search for fonts on the websites I'm sharing with you, install them on your computer, and work on your logo, signature, post titles, and more from a program that you find easy to use, such as Paint, Word, or Power Point. Then, take a screenshot and make sure to paste it into Paint to save it as a PNG image.

Once it's saved, you can go to <u>Remove.bg</u> to remove the background and upload it to Canva.

Installing a font on a Windows computer is very simple. Follow these easy steps:

1. Download the font: Start by downloading the font you want to install. Fonts are typically downloaded in ZIP format.
2. Extract the font: Double-click on the downloaded ZIP file to open it. Then, select the font file (with the extension .ttf or .otf) and copy it.
3. Install the font: Open the Control Panel on your computer. You can do this by typing "Control Panel" into the Windows search bar.
4. Access Fonts: In the Control Panel, look for the "Fonts" option and click on it.
5. Paste the font: In the Fonts window, paste the font you copied in step 2. Simply right-click in a blank space within the Fonts folder and select "Paste."
6. Confirm the installation: Windows will automatically install the font. In a few seconds, it should appear in the list of available fonts on your computer.

What follows is a list of the most recognized websites where you can download fonts for free.

1001 Fonts

https://www.1001fonts.com/

The page facilitates font search and selection thanks to its organization by categories and tags. In addition to free downloads, 1001 Fonts also offers premium options for those seeking a wider variety of fonts and features.

Antonio Rodriguez Jr

http://antoniorodriguesjr.com/fonts.html

What makes this website special is its generosity in sharing high-quality fonts for free, benefiting designers and creatives looking for exceptional typefaces for their projects.

Atipo Foundry

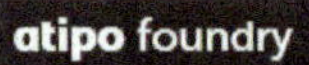

https://www.atipofoundry.com/

It offers a selection of premium typefaces that we can purchase for graphic design, print, and web projects. The site provides comprehensive details about each font, including visual examples and usage tips, making it an essential tool for those seeking exceptional and professional typography in their creative projects.

CreativeBooster

https://creativebooster.net/collections/free-fonts-hosted

This website offers a careful selection of fonts that cover a wide range of styles and aesthetics, with a notable commitment to quality, ensuring that each font offered meets exceptional design standards. Additionally, it provides direct links for downloading, making access to these valuable typographic tools easier.

Dafont.com

https://www.dafont.com/

On this platform, we can explore different font styles and download them for use in design projects, educational materials, and more. It also allows previewing how the text will look with the chosen font.

Ffonts

https://www.ffonts.net/

It offers a vast collection of free typographic fonts. A noteworthy feature of this page is its clear and straightforward organization, making it easy to search for and download specific fonts. Additionally, it provides information about the usage license for each font, offering clarity on how they can be used in professional projects.

FGD Designers

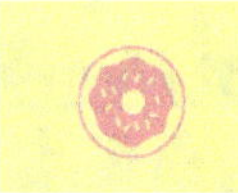

https://fgdesigners.sellfy.store/typography/

The diversity of typographic styles it provides allows us to explore a wide range of options for our graphic design projects. Hosted on Sellfy, most of the fonts it offers are paid, but you can find several fonts available for free download.

FontFabric

https://www.fontfabric.com/free-fonts/

This website provides access to a collection of high-quality typographic fonts, along with preview options and usage details that make it easy to select and utilize these fonts in creative projects.

Font Joy

https://fontjoy.com/

It helps us find harmonious typographic font combinations. We can experiment with different fonts and adjust the settings to achieve a visually appealing combination. Fontjoy generates font pair suggestions that complement each other and can be used in graphic design projects, websites, and more.

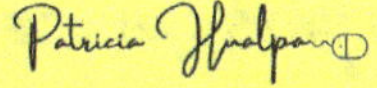

Font Meme

https://fontmeme.com/

It allows us to generate custom text using a wide variety of movie fonts. This platform is especially useful for quickly and easily creating logos, signs, images with decorative text, and unique visual designs.

Font Squirrel

https://www.fontsquirrel.com/

We can explore a wide variety of fonts, from classic styles to modern and creative options. Fontsquirrel is especially useful if we want to access premium fonts at no cost. The platform provides tools to customize and adapt fonts to specific projects.

Fontm

https://www.fontm.com/

FontM offers an intuitive and user-friendly browsing experience, making it easy to explore and select fonts. It also provides options to purchase licenses for premium fonts, making it a comprehensive and versatile resource.

Fontspring

https://www.fontspring.com/free

On this website, you can find a wide variety of high-quality free typefaces that span a range of styles from classic to contemporary. These fonts can be used in any creative project without the need for a license fee.

Free Design Resources

https://freedesignresources.net/category/free-fonts/

The website features a vast collection of fonts by world-renowned designers. Another highlighted feature is its user-friendliness. The website is intuitively designed and easy to navigate.

Google Fonts

https://fonts.google.com/

Google provides an extensive library of open-source fonts. Its interface is user-friendly and offers a wide variety of high-quality fonts spanning a broad range of styles, all available for free download.

Hello Font

https://www.hellofont.com/

Hellofont is a platform that offers a variety of typefaces, both free and paid. These typefaces can be previewed and downloaded. It also provides detailed information about each font.

Huerta Tipografica

https://www.huertatipografica.com/es

La Huerta Tipográfica is a typographic experiment, collaboration, and development project founded in Argentina in 2009. It is intuitively organized by categories such as "Serif," "Sans Serif," "Display," and "Script." You can also search for fonts by name or author.

Jeremy Vessey

https://www.jeremyvessey.com/free-fonts

Jeremy Vessey offers a thoughtfully curated selection of high-quality typefaces that can be downloaded for free. The website is well-organized, making it easy to search for and download the desired fonts. Jeremy Vessey also provides purchasing options for premium versions of some fonts, offering flexibility to designers looking for additional features or commercial licenses.

K-Type

http://www.k-type.com/font-category/free-fonts/

It's a reliable and respected website for free typefaces. A feature of this page is the quality and originality of the fonts it offers. Its organization allows for easy navigation and searching for specific fonts. It also provides details about the fonts, including visual examples and detailed descriptions, making it easy to select and use them in professional projects.

Pixel Buddha

https://pixelbuddha.net/fonts/bellico-typedace-free-font-download

PixelBuddha offers a wide selection of high-quality fonts that cover a variety of styles and aesthetics, providing a rich palette of choices for your graphic design projects. The diversity and quality of the fonts offered are a standout feature of this website, as well as the efficient organization that allows us to explore and select specific fonts according to our needs. Each font comes with details and visual examples.

TipoType

https://tipotype.com/free/

In addition to free font downloads, Tipotype provides detailed information about the usage and license for each font, making it easy to integrate them into professional projects.

What Font is

https://www.whatfontis.com/all-fonts.html

This website is an exceptional resource that offers a wide variety of free typefaces. What makes this site stand out is its extensive collection, encompassing a diverse range of type styles and designs. This diversity provides us with a broad palette of alternatives for our projects.

I'm sure it has happened to you more than once: you come across a striking font in a book, a magazine, a website, or even in a famous logo, and you wonder what that font is called. You want that font for your own projects, right? Now you can access magical websites that can identify that font from a simple image.

All the tools I'll provide below work in a similar way. Basically, you need to upload the image from the post, book, webpage, or other material from which you want to find out the font type. Then, click on the option to find the font. In some cases, you may need to follow a few steps as indicated, and in just a few seconds, you'll have the name of the font you want and can often download it from these very pages.

These tools will make finding your desired fonts easier than ever. They will undoubtedly be very useful and save you a lot of time.

Font Matcherator

https://www.fontspring.com/matcherator

Font Identifier

https://www.fontsquirrel.com/matcherator

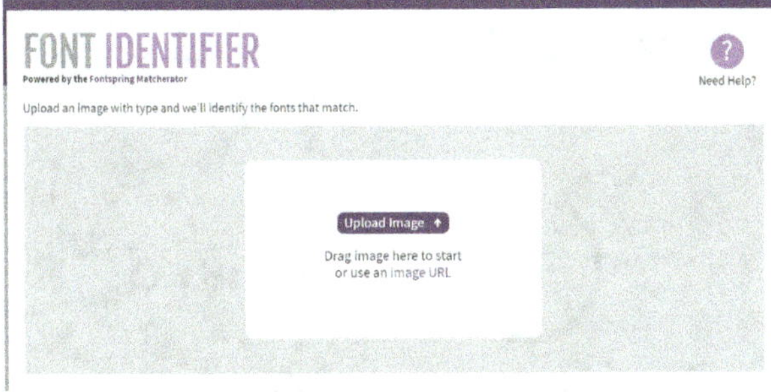

What Font is

https://www.whatfontis.com/all-fonts.html

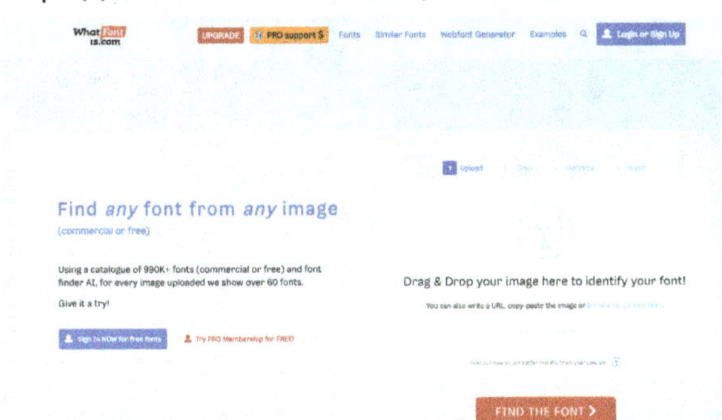

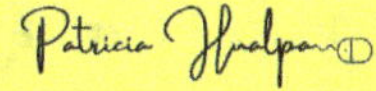

Font in Logo

https://www.fontinlogo.com/

On this website, you can discover the name of the font used by the most recognized brands.

Netflix
Bebas Neue

The logo "Netflix" uses this font and it was verified ✔ by our designers.

Stripe (old)
FF Fago

The "Stripe (old)" logo is based on this font.

Google Maps
Product Sans

The logo "Google Maps" uses this font and it was verified ✔ by our designers.

The Verge
ITC Serif Gothic

This font is used in "The Verge" brand, but it was modified.

EA Sports
EA Sans

This font is not used for "EA Sports", but this is the font that the community have designed based.

LinkedIn
Myriad

The closest font you can get for the "LinkedIn" logo is this font.

About the Author

Patricia Hualpa is a Peruvian, currently living in Romania. She graduated from the National University of San Marcos with a degree in Statistics and worked as a research assistant at the Faculty of Accounting Sciences.

Patricia also manages the website called "La Maruja Digital", where she shares her experiences as a mother, her personal interests in reading and technology. She is the CEO of the online academy "Creatividad Digital".

Patricia is a technology enthusiast and enjoys learning and sharing her knowledge of digital tools. Over three years ago, she embarked on an exciting journey with Canva, using this tool to create her own designs.

Her passion for learning and teaching has led her to write the book "Artificial Intelligence for Non-Fiction Authors" and now the guide called "Unleash Your Creativity with Canva: Font Samples," in which she lists and showcases the best free fonts available on Canva, making it easier for Canva users to find the typeface they want to use.

If you wish to connect with Patricia, you can do so through her website and social media: @lamarujadigital. She will be delighted to share her knowledge and experiences in the world of digital technology with you.

Get the Free PDF Version

Thank you for purchasing the print version of my book! I appreciate your support for my work.
To allow you to enjoy the digital version as well, I offer you the opportunity to download the PDF for free.

Download the PDF and enjoy the digital version on your devices. If you have any questions or need assistance, please don't hesitate to contact us through my website:
www.lamarujadigital.com

I hope you enjoy both versions of my book!